MÉMOIRES
ET CORRESPONDANCE INÉDITS
DU GÉNÉRAL
DUMOURIEZ.

PUBLIÉS SUR LES MANUSCRITS AUTOGRAPHES DÉPOSÉS CHEZ L'ÉDITEUR,

ET PRÉCÉDÉS D'UN FAC-SIMILE.

TOME SECOND.

PARIS,
EUGÈNE RENDUEL,
RUE DES GRANDS AUGUSTINS, N° 22.
Décembre 1834.

MÉMOIRES

ET CORRESPONDANCE INÉDITS

DU GÉNÉRAL

DUMOURIEZ.

PARIS, IMPRIMERIE DE COSSON.

MÉMOIRE

MILITAIRE

POUR L'ESPAGNE.

Juillet 1821.

INTRODUCTION.

Il y a vingt-neuf ans que je fus appelé à diriger les efforts de mes concitoyens armés, pour repousser une invasion formidable; il y a vingt-neuf ans que j'eus le bonheur de sauver mon pays, et de lui obtenir les premiers succès qui ont cimenté sa nouvelle existence. Je croyais alors n'avoir jamais plus à craindre pour l'ordre et pour la liberté. Je fus cruellement trompé. Des crimes atroces ont suivi et m'ont fait pleurer mes succès. J'ai succombé dans ces orages de la révolution; la proscription de l'anarchie m'a poursuivi aussi; mais rien n'a pu éteindre en moi, tout, au contraire, a fortifié l'amour de la liberté, et après de longues années, arrivé au terme de ma carrière, cet amour m'anime d'une nouvelle force, et inspire mes derniers travaux.

L'attaque projetée contre les libertés napolitaines avait excité mon indignation. En voyant l'Autriche lancer cent mille soldats contre la malheureuse Italie, j'ai voulu contribuer à sa défense; une grande partie de ce que je demandais a été reconnu utile et négligé. Un événement facile à prévoir, la révolution du Piémont, éclatant dès le commencement des hostilités, devait naturellement exciter davantage encore le courage et le patriotisme, et semblait donner le signal de la libération de l'Italie; mais à peine l'ennemi paraît sur leurs frontières que les lâches qui devaient, qui pouvaient les défendre, ont fui, en jetant leurs armes pour en former leurs chaînes! Quelques jours seulement s'étaient écoulés depuis qu'ils avaient prononcé le serment de vaincre ou de mourir; ces sermens retentissaient encore sur les rives étrangères et réveillaient les plus belles espérances, et déjà, du nord au midi de l'Italie, tous les sermens étaient oubliés, et ces peuples pleuraient aux pieds du despostisme, et quelques citoyens, dignes de servir la noble cause à laquelle ils s'étaient dévoués, étaient réduits ou à se cacher dans la solitude, ou à mendier l'hospitalité des étrangers auxquels ils couraient raconter leurs désastres.

Mais malgré la décision de la force, malgré le triomphe des gouvernemens absolus, il n'en est pas moins vrai que l'arbitraire des ministres et des rois est une calamité pour les peuples ; que toutes les nations, éclairées par une triste expérience, s'éloignent de jour en jour davantage des principes de l'obéissance passive, et connaissent leurs droits ; enfin, que les seuls gouvernemens légitimes, les seuls qui puissent marcher désormais sans crainte de dangers, et appuyés sur l'affection des gouvernés, sont ceux qui, limités dans l'exercice de la puissance par des lois constitutionnelles, et dirigés et accompagnés constamment par des représentations nationales, font de l'intérêt général la règle de l'administration. Quand même toutes les nations du monde abandonneraient volontairement toutes leurs libertés et se mettraient à la discrétion de leurs chefs, rien ne pourrait détruire ces vérités, qui, étouffées un instant, et même pendant des années, doivent reparaître toujours et finir par triompher à leur tour.

Loin donc de se laisser décourager par des événemens rendus plus déplorables par la faiblesse des peuples qui ont cédé au premier choc et sans résistance, il faut chercher dans ces événemens, et surtout dans les tristes résultats que la malheureuse Italie aura long-temps à souffrir et à déplorer, de nouveaux motifs pour chérir la liberté, pour la défendre, pour l'établir enfin sur des bases inébranlables. On peut trouver dans la catastrophe de Naples d'utiles leçons et en grand nombre. C'est à l'Espagne qu'il faut les signaler aujourd'hui, parce que le gouvernement espagnol, en les méditant, y verra autant ce qu'il doit faire que ce qu'il doit éviter.

La première réflexion qui doit frapper toute la nation, c'est que l'expédition de Naples n'est que le premier acte du grand drame de la Sainte-Alliance, et que le succès de l'expédition doit nécessairement entraîner ses auteurs à poursuivre l'exécution de leur plan, la ruine de toute constitution populaire; car c'est dans ce cas que l'on peut dire : « Rien n'est fait tant qu'il reste quelque chose à faire. » On veut attaquer l'Espagne, et il est impossible que cette attaque n'ait pas lieu.

Le projet de cette attaque a été médité et décidé en même temps que celui contre Naples. Les ministres de la Russie et de l'Autriche étaient d'accord sur ce point. Ces ministres, coupables envers l'humanité, coupables surtout envers leurs souverains dont ils étouffent les vertus, dont ils démentent les promesses, dont ils ternissent la gloire, savent mieux que personne que ç'en est fait d'eux, si les monarques et les peuples sont unis. Plus la révolution d'Espagne, du Portugal et de Naples a été modérée, paisible et raisonnable, plus elle a respecté les droits des monarques, et plus les ministres ont dû craindre. Au milieu de tous les événemens de ces révolutions, les ministres seuls sont tombés, parce que seuls ils faisaient le mal; mais les rois et les trônes ont été à l'abri de toutes les atteintes. Cette justice des nations était une menace contre les cabinets despotiques et devait nécessairement les entraîner à tromper leurs maîtres et à s'en servir comme des instrumens de leur conservation.

Aussi est-il constant que, dès l'invasion de

Naples, cent cinquante mille Russes devaient se mettre en marche, s'unir aux Autrichiens, traverser le Piémont après la ruine de la constitution napolitaine, puis les départemens méridionaux de la France, et franchir les Pyrénées, pour conquérir l'Espagne. Le succès ne paraissait pas douteux : on comptait que la jonction des troupes pourrait s'opérer en Piémont vers le mois de juin. Déjà un tiers de l'armée russe traversait l'Allemagne à marches forcées : rien enfin ne paraissait devoir entraver ces vastes projets. La conduite de l'Angleterre, la pusillanimité de la France, qui avaient assenti aux complots contre Naples, ne leur permettaient plus d'opposition ; toutes deux, à la traîne de la Sainte-Alliance, ne semblaient destinées qu'à regarder et se taire.

La Providence, qui se joue des desseins des hommes et de l'ambition des ministres, suscitant tout à coup en Orient un de ces mouvemens inattendus, dérangea et suspendit les plans que l'on voulait exécuter en Occident. Les deux cabinets de Pétersbourg et de Vienne, à la nouvelle de la révolte des Grecs, ressentent tout à coup l'aiguillon de leurs anciennes jalousies et de leur ambition, et sont contraints de reporter vers les frontières de l'empire turc leur attention, leur politique et leurs troupes. Quel que soit le résultat de la guerre à mort qui a commencé entre les Grecs et leurs barbares oppresseurs ; quelque influence que ces événemens puissent avoir sur la conduite de la Sainte-Alliance, l'Espagne ne doit regarder que comme suspendu le danger qui la menaçait. L'exécution de l'invasion n'est que retardée, et par conséquent elle doit profiter du temps qu'un hasard heureux lui procure, du délai que lui obtient la Grèce pour se préparer à la résistance.

Les ennemis de la liberté espagnole pourraient seuls tenter de donner à cette brave nation une funeste sécurité, en lui disant qu'elle n'a plus rien à redouter ; que les événemens de l'Orient suscitant chez chacune des puissances de la Sainte-Alliance des intérêts contraires et d'importantes rivalités, il n'y a plus rien à craindre de leur coalition. Ce n'est point des circonstances extérieures, ce n'est pas d'événemens lointains et des démêlés des cabinets étrangers que l'Espagne doit attendre son salut. C'est de sa volonté, de sa force qu'elle obtiendra la conservation de ses libertés et de son indépendance nationale, ou sans être attaquée, ou après la victoire, si cette attaque méditée avait lieu.

Il est vrai que l'éloignement des armées autrichiennes et russes offre quelques motifs, ou pour mieux dire quelques prétextes d'illusions; mais le système militaire de l'Europe est changé. Les distances ne sont plus des obstacles : les armées les plus nombreuses les franchissent aujourd'hui avec une facilité qui eût passé pour prodigieuse il y a un demi-siècle, et qui cependant n'est qu'un emprunt fait par la civilisation aux siècles de la barbarie. Quant aux occupations que les gouvernemens de la Sainte-Alliance pourraient avoir, et qui les distrairaient de leurs projets, on ne doit pas perdre de vue que l'objet qu'elle a le plus à cœur c'est la ruine de la liberté; que tous les sacrifices pour arriver à ce but ne lui coûteraient pas. Le système constitutionnel représentatif est l'ennemi le plus formidable des gouvernemens absolus, qui dès-lors s'empresseront de s'arranger provisoirement les uns avec les autres, pour pouvoir diriger tous leurs efforts contre celui-ci, sauf à recommencer ensuite à se débattre entre eux.

L'intérêt de la Russie et de l'Autriche n'est d'ailleurs pas d'intervenir les armes à la main dans les affaires de l'Orient. Il leur suffit de stationner sur les rives du Pruth et sur les frontières de la Servie deux corps d'armée, le premier de 50,000 Russes, et le second de 25,000 Allemands, pour forcer la Sublime-Porte à diviser ses forces, à opposer à ces armées d'observation des armées d'observation au moins aussi nombreuses; à ne pouvoir envoyer contre les Grecs que de faibles corps, et ainsi prolonger les combats dont l'ancienne Grèce est le théâtre. L'Autriche, qui aura des forces moins considérables, paraîtra au divan moins ambitieuse et plus modérée; elle sera le centre de négociations qu'elle a le talent de rendre inintelligibles et de ne pas finir, et, pendant tous ces débats diplomatiques, la Russie peut facilement faire marcher ses 100,000 hommes vers l'occident de l'Europe, dont une partie serait laissée en Piémont pour y maintenir l'étrange bon ordre qui y est établi, ce qui permettrait à l'Autriche, qui n'aurait plus à faire que la police du royaume de Naples, de disposer d'une partie de ses troupes et de les joindre à celles de son allié.

La France accordera-t-elle le passage par ses départemens méridionaux? Cette question sera sans doute résolue diversement suivant les intérêts différens, et à coup sûr, ceux qui voudraient endormir la nation espagnole ne manqueront pas de la résoudre négativement. Mais moi qui ne veux que le salut et l'indépendance de l'Espagne, je jugerai d'après ce que je vois, et je déciderai autrement. Il y a malheureusement une distinction à faire entre la nation française et son gouvernement. L'une a appris, même par ses excès, le prix de la liberté, et elle désire non seulement en conserver tous les avantages si chèrement acquis, mais encore les voir partager par les autres peuples. Le vénérable monarque qui règne sur ce beau pays y avait apporté ces sentimens philanthropiques et nationaux. Il avait donné des gages de sa sincérité; mais les hommes de l'ancien despotisme, qui ont usurpé sa confiance, ont trompé ses intentions, mécontenté les amis de leur pays, et, incapables de tenir plus long-temps les rênes de l'état, les laissent saisir par le parti qui ne veut de liberté que pour lui, et qui prétend, comme il l'a voulu lorsqu'il l'a pu, sous l'ancienne monarchie, maîtriser le peuple et le prince. Ce parti qui l'emporte aujourd'hui, contre lequel luttent, mais faiblement et en vain, les ministres qui l'ont fait ce qu'il est, dans la crainte de le voir s'emparer de leurs places; ce parti, tout puissant en idée, parce qu'il est violent, désire, tout autant que les ministères de Saint-Pétersbourg et de Vienne, une croisade du despotisme contre la liberté, et saluerait, comme l'aurore de sa restauration, le jour où les escadrons et les bataillons du Volga et du Danube fouleraient la terre de France pour aller rétablir en Espagne la superstition, l'inquisition et le despotisme; pour préparer l'asservissement de l'Europe, et faire rétrograder la civilisation de plusieurs siècles.

Ce parti sait bien que ses principes, ses opinions, ses desseins sont irréconciliables avec les opinions, les principes et les intérêts nationaux. Il n'oserait pas encore, malgré toute l'ardeur de ses désirs, demander aux Français d'aller eux-mêmes étouffer chez leurs voisins des institutions qu'ils ont eux-mêmes réclamées, et dont ils ont conservé une partie. Il a encore du caractère français et des sentimens de l'armée et de ses chefs une opinion trop honorable, pour leur proposer et leur confier une pareille mission. Il espère bien plus de l'obéissance des soldats autrichiens et russes; et la satisfaction, l'enthousiasme que lui a inspirés la chute de Naples, est un garant assuré du plaisir avec lequel il ouvrirait la France pour le second acte de ce drame.

Le caractère du monarque, qui s'est montré grand dans le malheur, devrait, il est vrai, inspirer quelque confiance; mais environné comme il est par les trames de ce parti, la vérité ou les hommes nationaux ne peuvent plus arriver jusqu'à lui. Trompé sur les désirs, sur les intérêts de la France, il a poussé l'abnégation de lui-même jusqu'à consentir à ce que la charte, cet ouvrage dont il se faisait honneur, fût mutilée de manière que son existence soit désespérée. Sans doute ce prince finira par apercevoir la fausse route où ses ministres sont entraînés; mais il est possible que, par le jeu des intrigues de cour, bien du temps s'écoule avant que le mal ne soit connu, et dans l'intervalle il étend ses ramifications et peut amener bien des catastrophes.

Pour le moment du moins, l'Espagne n'a rien à redouter du ministère français et du parti violent qui le domine. La faiblesse d'une administration sans principes, sans plan, ne lui permet pas de méditer elle-même des hostilités; mais cette faiblesse, trop évidente, doit favoriser les projets des ennemis des libertés nationales, et si es deux cours qui se sont mises à la tête de la Sainte-Alliance, demandent qu'on leur ouvre la route de l'Espagne, il est hors de doute que cette demande sera accordée, malgré le juste mécontentement de la nation française.

L'Espagne doit donc, dès à présent, s'attendre à la guerre. Cette guerre lui est déclarée déjà par les manifestes que le cabinet de Saint-Pétersbourg a publiés à différentes époques, depuis la révolution; elle lui est déclarée par l'invasion et l'asservissement du royaume de Naples. C'est la constitution espagnole qu'on a attaquée à l'extrémité de l'Italie, et dès lors il y aurait de la folie à penser qu'on respecterait dans Madrid ce qu'on a cru devoir anéantir à Naples. J'appuie sur ces observations parce qu'il importe à l'Espagne de penser, dès aujourd'hui, qu'elle ne peut éviter les hostilités, et que, par conséquent, elle doit prendre, sans perdre un seul moment, toutes les mesures pour les repousser. L'inertie, l'indifférence du gouvernement espagnol dans les circonstances actuelles, ne feraient que montrer ou la crainte, ou l'impossibilité d'agir, et dans les deux suppositions ses ennemis trouvent de nouveaux encouragemens et même de nouvelles forces.

L'intérêt de l'Espagne m'oblige à lui signaler deux grandes fautes qui ont été commises depuis sa régénération, et dont il est temps de prévenir les conséquences. La première a été de ne pas réclamer contre la première circulaire du cabinet de Saint-Pétersbourg sur le nouvel ordre de choses établi en Espagne. Il était impossible de se dissimuler que cet écrit, adressé à tous les cabinets de l'Europe, était une attaque, une insulte contre la nation espagnole et son nouveau gouvernement. Il fallait sur-le-champ relever le gant qui était jeté, montrer le ressentiment de l'injure, apprendre à l'Europe et à ses dominateurs, qu'un peuple qui vient de conquérir la liberté, ne souffre pas l'insolence de l'étranger. L'honneur national exigeait que le gouvernement demandât à l'ambassadeur russe une réparation, qu'il la fît demander en même temps par l'ambassadeur espagnol à Saint-Pétersbourg, et sur le refus d'accorder cette réparation, rompre sur-le-champ toutes les relations avec ce pays et son gouvernement.

Une mesure aussi ferme, aussi prompte, eût eu plusieurs résultats : le premier, de montrer à toute la nation, que son gouvernement était digne d'elle, et savait conserver l'honneur du pays. Le second, de préparer la nation, dans le moment où l'enthousiasme de la liberté se manifestait dans toute sa force, à la résistance contre les attaques dont on repoussait ainsi la première; d'exciter davantage encore le patriotisme des Espagnols, et de les montrer tels qu'ils avaient été, dix ans auparavant, lorsqu'ils luttaient avec un héroïsme presque sans exemple contre un adversaire bien plus redoutable. Enfin, les nations étrangères, en voyant la résolution du gouvernement espagnol, et dans la crainte d'événemens pour lesquels aucune n'était préparée, seraient toutes intervenues pour arranger cette affaire, qui n'eût pu se terminer qu'à l'avantage de l'Espagne, puisque la France, moins assujettie qu'elle ne l'est aujourd'hui, ayant dans ses assemblées législatives une majorité nationale, ne pouvant consentir à livrer un passage à l'ennemi, eût ou pris le premier rôle de médiateur, ou, dans le cas où la conciliation eût été impossible, se serait décidée à fermer sa frontière et à la défendre. L'Angleterre, où la raison et la justice ont toujours des défenseurs, et qui, dans cette occasion, en défendant la raison et la justice, eût servi ses propres intérêts, en appuyant la digue élevée contre le pouvoir de l'alliance qui devait l'inquiéter, l'Angleterre eût secondé les négociations de la France, ou sa résolution de ne pas laisser passer l'ennemi. Ces oppositions de vues et d'intérêts eussent insensiblement rangé toutes les puissances de l'Europe dans l'un ou l'autre parti ; et comme les forces n'eussent pas été égales, la Russie, après ses déclamations, eût été obligée de rester en repos, tandis que l'Espagne, outre qu'elle aurait montré le sentiment de sa dignité, aurait, pour ainsi dire, reconstitué l'équilibre de l'Europe, en réunissant dans un plateau de la balance toutes les forces libérales, contre celles du despotisme.

Je ne m'arrêterai pas plus long-temps sur ce sujet, et je ne montrerai pas le mauvais effet qu'a produit le peu d'énergie avec laquelle le gouvernement espagnol a ressenti cette injure. Le résultat a été que la Russie est devenue plus audacieuse, et que les puissances amies de l'Espagne ont senti diminuer leur considération et leur intérêt ; car il en est des nations comme des individus : on croit que qui se laisse insulter est bien près de se laisser battre.

La seconde des grandes fautes que l'Espagne a commises, c'est de ne pas manifester son res sentiment contre l'Autriche, dès le congrès de Laybach, et avant l'invasion de l'Italie. Les coups dont on voulait écraser Naples étaient trop évidemment dirigés contre Madrid, pour que le peu d'efforts du gouvernement espagnol ne parût pas une espèce d'abandon de sa cause. L'Espagne devait réclamer le droit de paraître à ce congrès, parce que, soit par sa constitution, soit par le mode de son rétablissement, elle était identifiée avec le royaume de Naples, et que, comme le jugement à prononcer dans cette cause devait être commun aux deux pays, elle devait être admise à la défense de sa cause. La France, indécise encore entre les partis, et l'Angleterre qui commençait à protester contre les projets de la Sainte-Alliance, devaient être chargées d'appuyer les réclamations de l'Espagne. Certainement cette demande courageuse du gouvernement espagnol eût donné plus de courage aux plénipotentiaires de la France et plus de poids et de force à l'opposition naissante de l'Angleterre.

Ou cette demande eût été admise, ou elle eût été rejetée. Dans le premier cas, le plénipotentiaire espagnol eût plaidé la cause de Naples et celle de l'Espagne; il eût fait sortir la

France de son indécision, eût été appuyé par l'Angleterre, et la déclaration du gouvernement espagnol qu'il est déterminé à regarder comme hostiles à lui-même les hostilités contre Naples, à faire avec ce royaume une alliance offensive et défensive, à lui prêter tous les secours en son pouvoir, eût sans doute amené de mûres réflexions. Les Autrichiens auraient craint un nouvel adversaire, et les Napolitains comptant sur des secours, voyant qu'ils n'étaient pas abandonnés, ne se seraient pas abandonnés eux-mêmes. Dans le second cas, l'Espagne devait protester contre sa non-admission à des débats qui l'intéressaient, contre ce fait anti-national, cette usurpation des rois, qui s'établissent juges de nations indépendantes; déclarer qu'elle ne peut regarder que comme ses ennemis les trois gouvernemens qui ont donné cet exemple scandaleux; rappeler sur-le-champ ses ambassadeurs, renvoyer ceux de ces trois gouvernemens, et s'unir de la manière la plus intime avec le gouvernement napolitain. Alors eût commencé la ligue des gouvernemens constitutionnels contre celle des gouvernemens ennemis des constitutions. L'Espagne se serait agrandie aux yeux de l'Europe; elle aurait trouvé des appuis, et la cause de la liberté serait en meilleur état.

On aurait tort sans doute d'attribuer à la crainte la conduite qu'a tenue, dans cette circonstance, le gouvernement espagnol. Le courage qu'a déployé cette nation héroïque repousse une pareille supposition. Il faut l'attribuer plutôt à la modération dont ce gouvernement s'était fait une loi, et dont il a donné les plus grandes preuves depuis son rétablissement; mais cette modération ne doit pas aller trop loin, et de même que, dans l'intérieur, elle alimente les partis, lorsqu'elle va jusqu'à la faiblesse, à l'extérieur elle encourage les desseins hostiles des puissances étrangères. Il est trop vrai que l'Espagne n'en a tiré aucun profit; qu'elle n'a même pas évité les reproches bien injustes du défaut contraire; que le langage et les prétentions des ennemis n'ont fait que devenir plus violens; il est donc temps de changer de conduite.

La conclusion de cette introduction, c'est que l'Espagne sera attaquée et que par conséquent elle doit se mettre en état de défense. Cette attaque ne viendra pas de la France qui ne peut et ne veut pas la faire; elle n'a été retardée que par différentes causes indépendantes des volontés de la Sainte-Alliance et de l'Espagne; mais ces causes cesseront bientôt. L'inaction de l'Espagne favoriserait le développement des plans de l'ennemi, et les conquêtes du parti qui, en France, combat avec acharnement les principes qui, seuls aujourd'hui, peuvent assurer la félicité des nations, parti qui ne profiterait ensuite de ses triomphes que pour les étendre sur l'Espagne. Le moment actuel ne doit pas être négligé et offre peut-être la dernière occasion favorable d'assurer l'indépendance de la noble nation espagnole et les droits de tous ses braves habitans.

Nota. C'est la France qui a attaqué, envahi l'Espagne, et qui y a rétabli le despotisme de Ferdinand. Aujourd'hui qu'il y a plus de fausseté et de corruption dans nos gouvernans que sous Louis XVIII, je m'attends au renouvellement de cette grande iniquité politique, et c'est ce qui m'a décidé à publier cet ouvrage, envoyé autrefois par le canal de M. le duc d'Orléans.

On me dira peut-être, comme disait Louis XVIII, que c'est être l'ennemi du pays et calomnier le gouvernement, que de lui prêter de telles intentions. Mais nous savons mieux que jamais ce que valent ces protestations, surtout dans la bouche d'un roi. L.

PREMIÈRE PARTIE.

PREMIERE SECTION

FORCE NUMÉRIQUE ET ORGANISATION DE L'ARMÉE.

Les forces militaires d'une nation doivent être combinées sur la nature du pays, sur la disposition de ses frontières, sur le caractère des citoyens, sur celui des peuples limitrophes et sur les dispositions habituelles de leur gouvernement. Ce sont là les principes constans sur lesquels un gouvernement doit fonder son organisation militaire. Des circonstances particulières y doivent nécessairement apporter des modifications; mais ces circonstances étant passagères, ces modifications doivent l'être aussi, et elles ne peuvent être utiles qu'autant qu'elles se rattachent au système général sans le contrarier, et qu'elles en peuvent être détachées après leur action sans l'affaiblir.

Un royaume péninsulaire comme l'Espagne, qui n'a de véritable danger à craindre que sur une seule frontière, celle du nord, n'est pas dans la nécessité d'entretenir des forces aussi considérables qu'un royaume dont le territoire serait bien moins étendu, dont les ressources même seraient moindres, mais qui se trouverait enclavé au milieu d'autres royaumes qui borderaient toutes ses frontières. Ainsi la France, les Pays-Bas, la Prusse et tous les états continentaux sont obligés d'entretenir des forces militaires considérables, parce qu'ils sont vulnérables sur une grande étendue de territoire.

L'organisation de l'armée espagnole, d'après ce principe, doit appeler sous les armes un nombre inférieur de citoyens, qui, dans tous les temps, seront stationnés sur la frontière attaquable, mais distribués de manière à ce que les corps puissent se grossir suivant le besoin, sans en changer la composition et la discipline. C'est là l'armée de ligne, elle doit être permanente.

Les armées permanentes sont un des maux nécessaires de la civilisation actuelle. Elles menacent constamment les droits des citoyens parce que, obéissant au gouvernement à qui elles sont enchaînées par leur organisation, leur discipline et leur solde, elles ne doivent pas examiner les ordres qu'on leur donne et que, quels qu'ils soient, elles les exécutent. Ce danger est diminué par la réduction de ces armées permanentes au nombre strictement nécessaire pour repousser les dangers extérieurs. Moins un état emploie de soldats pour contenir les ennemis étrangers, et plus il lui est facile de conserver ses libertés. L'Espagne a donc plus de moyens de liberté, ou du moins elle est moins exposée à les perdre que la France et les autres états continentaux.

Quelque faible que soit l'armée permanente d'un état, elle est toujours redoutable aux citoyens, parce que, formant la principale force de l'état, la seule mobile au gré des gouvernans, la seule qui obéisse sans examen, elle peut devenir facilement l'instrument du despotisme; ou même, entraînée par un chef ambitieux, être un moyen de révolution. Les peuples qui ont acquis et qui veulent conserver leur liberté ont senti et doivent sentir toujours la nécessité d'avoir une force citoyenne armée, suffisante pour mettre les citoyens à l'abri des dangers dont les menacent les armées permanentes. Cette force citoyenne, immobile par sa nature, soumise seulement aux magistrats locaux, composée d'hommes dont les occupations ne leur permettent pas un service militaire prolongé, et enfin dispersée sur une vaste étendue de territoire, doit être infiniment plus nombreuse que l'armée permanente. Elle doit se composer de tous les citoyens capables de porter les armes, et présenter une masse au moins décuple du nombre total de l'armée.

Cette force citoyenne ne doit cependant pas être organisée dans le seul but de faire respecter l'autorité civile par l'autorité militaire, c'est-à-dire d'offrir à la nation des garanties contre le pouvoir absolu que des ministres, ou un prince, ou un général ambitieux voudraient exercer à l'aide des soldats. Si la sécurité des citoyens, sous ce rapport, exige que l'armée permanente soit composée du plus petit nombre possible, eu égard au service continuel qu'elle a à faire, la sécurité des citoyens exige aussi, en cas d'attaque étrangère, que cette armée, qui pourrait être trop faible, soit renforcée, suivant le besoin des circonstances, par une partie de la force citoyenne qui sera appelée à partager ses dangers. Il est donc évident que cette force citoyenne doit être partagée en plusieurs, ou au moins en deux classes : celle des hommes non mariés de vingt à trente-cinq ans, et celle des hommes mariés ou âgés de plus de trente-cinq ans. La première de ces classes serait disponible, mobile, en cas de guerre. La seconde serait sédentaire.

Afin que, même en temps de paix, lorsque la force citoyenne réside dans ses foyers, on ne perde pas de vue leur destination différente, il est utile d'astreindre la première classe à une discipline militaire un peu plus sévère. Pour cela on ferait entrer tous les hommes qui la composent dans les compagnies d'élite des bataillons citoyens. Ils en seraient les grenadiers et les chasseurs; auraient un uniforme militaire complet, un fusil ou carabine à baïonnette et un sabre, giberne, etc., seraient exercés au maniement des armes, aux évolutions et aux manœuvres militaires, tandis que les compagnies du centre, formées de la seconde classe, n'auraient qu'une redingote et un chapeau uniformes, et pour arme un fusil à baïonnette avec une giberne.

Voilà les principes sur lesquels l'Espagne doit baser son organisation militaire, pour y trouver toutes les garanties de sécurité et d'indépendance. Nous allons développer ce plan, en montrer tous les détails, et on y trouvera les moyens suffisans pour résister aux attaques dont la noble Espagne est menacée. Les délais, les retards apportés à l'exécution des projets de la Sainte-Alliance, par une infinité de causes, permettent au gouvernement et aux Cortès de peser mûrement et d'exécuter à loisir, mais sans lenteur, les mesures qui leur sont proposées; et le patriotisme dont les Espagnols ont donné des preuves si grandes et si constantes, ne permet pas de croire qu'abjurant leur beau caractère, ils se refuseront aux moyens les seuls propres à sauver leur pays.

La seule attaque dangereuse que les Espagnols aient à redouter, c'est par leur frontière du nord, sur une ligne de cent lieues de longueur, formée par les Pyrénées. C'est par là que les bataillons de la Sainte-Alliance tenteront de pénétrer, après avoir forcé la France à leur ouvrir ses provinces du sud. C'est un grand bonheur pour l'Espagne de n'avoir à porter son attention que d'un seul côté, et d'être sans inquiétude sur ses côtes maritimes. L'Angleterre, qui par sa déclaration de principes au congrès de Laybach s'est entièrement séparée des dominateurs du continent, se prononcera bien plus fortement contre leur nouvel attentat; et si elle ne s'y oppose point par les armes (ce que son intérêt et une politique éclairée pourraient l'engager à faire), elle ne les appuiera certainement pas en leur accordant l'usage de ses flottes. Le Portugal, loin d'inquiéter l'Espagne, est un appui pour elle, puisque les deux pays étant régis par les mêmes lois, on ne peut attaquer l'un à cause de ces lois, sans que l'autre soit obligé de les défendre, sans que l'alliance la plus étroite appelle les deux peuples à combattre sous les mêmes drapeaux.

Cet avantage de n'être exposée aux attaques de la Sainte-Alliance que sur une seule frontière n'est pas le seul dont l'Espagne ait à se féliciter. La nature de cette frontière lui en offre d'autres qui lui facilitent sa résistance. En effet, tout le long de cette frontière, depuis la Méditerranée jusqu'à l'Océan, la ligne des Pyrénées présente à l'ennemi une barrière formidable, qu'il est difficile de franchir, à travers laquelle on ne peut pénétrer que par des passes étroites et dangereuses, où un petit nombre d'hommes déterminés peut arrêter facilement des corps nombreux. Là, chaque cime de mont, chaque vallée offre à l'armée de défense des positions inexpugnables, des retraites inaccessibles aux envahisseurs, des moyens échappatoires inconnus à l'ennemi. L'artillerie, la cavalerie, qui font la principale force du système militaire des grandes puissances, deviennent inutiles dans ces lieux, et ne peuvent être employées avec quelque avantage que lorsque l'ennemi a pénétré cette frontière et s'est enfoncé dans l'intérieur, où de nouveaux obstacles naturels ou artificiels doivent l'entraver encore. Il est évident que l'Espagne n'est pas obligée d'employer, pour résister à l'invasion, des forces aussi considérables que celles de l'ennemi, que par conséquent son armée permanente ne doit pas être, comme celles des autres états, hors de proportion avec la population et les moyens financiers du pays. L'armée espagnole, sur le pied de guerre, peut, sans inconvénient, être portée seulement à soixante ou soixante-cinq mille hommes, auxquels, en cas d'invasion, se joindraient les compagnies de grenadiers et de chasseurs de la milice nationale, que j'appellerai les grenadiers et les chasseurs nationaux.

La population de l'Espagne, dont il est urgent de faire un dénombrement exact, doit monter au moins à dix millions d'habitans, et sur ces dix millions il y a pour le moins six cent mille hommes, âgés de vingt à cinquante ans, capables de porter les armes, et que le gouvernement doit armer. C'est de ces six cent mille hommes que doivent se tirer les corps destinés à un service actif et mobile. Le moyen de les organiser qui me paraît le plus simple est celui-ci.

Tous les hommes capables de porter les armes seront organisés en compagnies dans toute l'Espagne. Les hommes mariés ou âgés de plus de trente-cinq ans composeront les compagnies sédentaires ou du centre, à moins qu'ils ne veulent entrer dans les compagnies d'élite, celles des grenadiers et des chasseurs. Cette classe de citoyens étant la plus nombreuse est évaluée à 590,000 hommes environ. Les hommes non mariés âgés de vingt ans et n'ayant pas trente-cinq ans formeront les compagnies d'élite, s'ils ne font pas partie de l'armée permanente, ou s'ils ne sont pas appelés au service de la marine.

Ayant porté les forces de l'armée à soixante-cinq mille hommes, il faut porter au double de ce nombre les compagnies de la milice nationale qui, d'après les principes établis ci-dessus, doivent, en temps de paix, servir de garanties contre les envahissemens du pouvoir et de l'armée, et en temps de guerre s'unir à l'armée contre les étrangers. Ces compagnies formeront donc un total de cent trente mille hommes ou le tiers de la milice sédentaire, et les quinze mille hommes restant seront consacrés à la marine.

C'est d'après ces proportions que l'organisation des forces militaires de l'Espagne doit être faite. La milice, les grenadiers et chasseurs nationaux seront organisés ensemble et en compagnies semblables, et huit de ces compagnies formeront un bataillon, dont six compagnies, comme on l'a vu plus haut, appelées sédentaires, n'auront pour uniforme que la redingote et le chapeau, et pour arme qu'un fusil à baïonnette et une giberne, et dont les deux compagnies d'élite auront un uniforme et un armement complet comme la troupe de ligne, même en temps de paix.

L'organisation de chacune de ces compagnies doit être la même que celle des compagnies de l'armée, car il faut la plus grande uniformité dans le système militaire, afin qu'il y ait identité et unité dans les manœuvres et les actions, aussi bien que pour la discipline, quand les événemens appellent les grenadiers et les chasseurs nationaux à coopérer avec l'armée, et pour que les officiers puissent indistinctement servir dans l'une ou l'autre troupe, sans être obligés de faire un nouvel apprentissage.

Les compagnies peuvent être avec avantage divisées en 8 escouades de 12 hommes, commandées chacune par un caporal. 4 escouades, formant la moitié, seront guidées par un sergent. Les autres sous-officiers seront un sergent-major et un fourrier-adjudant, chargés de la comptabilité. Chaque compagnie aura deux tambours ou trompettes, et pour état-major un capitaine, un lieutenant et deux sous-lieutenans, en tout 114 hommes. Ainsi les compagnies de la milice nationale, réunies en bataillons, avec leurs grenadiers et leurs chasseurs, formeront un total de 912 hommes, auxquels il faut ajouter un colonel, un lieutenant-colonel et un adjudant-major, ce qui porte le nombre des hommes de chaque bataillon à 915. Il serait difficile de donner à cette milice une organisation en régimens. La chose ne serait faisable que dans quelques grandes villes dont la population plus nombreuse permettrait cet arrangement; mais en tout, je ne crois pas le système des régimens assez avantageux pour regretter de ne pouvoir l'admettre, et je crois, au contraire, que l'on peut s'en passer, même dans l'armée. J'en parlerai plus tard.

La population de l'Espagne fournira 568 de ces bataillons, en retranchant de cette population les soixante-cinq mille hommes de l'armée de ligne et les quinze mille hommes de la marine. Ces bataillons doivent exister toujours, comme je l'ai déjà dit, de telle manière que le gouvernement espagnol, lorsque le danger approche, n'ait plus qu'à ordonner, avec l'assentiment des Cortès, aux 568 compagnies de grenadiers, et aux 568 compagnies de chasseurs, de se mettre en marche pour le service actif auquel ils seront destinés.

Avant de parler de ce service et de l'organisation à donner à ces compagnies pour les y rendre propres, je dois parler de l'organisation de l'armée à laquelle ils doivent se joindre, pour en partager les travaux. Cette armée doit être divisée :

1° En infanterie de ligne, 2° en infanterie légère, 3° en grosse cavalerie, 4° en cavalerie légère, 5° en grosse artillerie, 6° en arillerie légère, 7° en troupes du génie, 8° enfin, l'état-major général.

D'après ce que j'ai dit des grenadiers et des

chasseurs nationaux, on voit qu'en cas de guerre, le gouvernement, au premier signal, ferait marcher 1136 compagnies d'infanterie, dont la moitié d'infanterie légère. Cette organisation des forces citoyennes permet de ne pas porter à un nombre considérable l'infanterie de l'armée, et d'organiser avec une plus grave force les corps qui exigent plus de soin, plus d'étude et de pratique, comme la cavalerie et principalement l'artillerie.

Une remarque qu'on a faite dans la dernière guerre que l'Espagne a soutenue contre Bonaparte, c'est que le manque d'une infanterie solide n'a presque jamais permis aux troupes espagnoles de lutter avec avantage dans les batailles rangées, et que, si les troupes anglaises n'avaient pas suppléé à ce défaut, la Péninsule aurait été subjuguée, malgré le courage étonnant de ses habitans et l'habileté intrépide de quelques chefs de guérillas. Ce défaut n'est certainement pas inhérent au caractère et aux mœurs espagnoles, il suffit, pour s'en convaincre, de se rappeler ces vieilles bandes qui, dans un temps peu reculé, formaient l'infanterie la plus solide et la plus terrible de l'Europe. C'est à la négligence des gouvernemens, à une détestable administration, à un système inepte qu'il faut l'attribuer. Le gouvernement constitutionnel doit faire tous ses efforts pour le corriger, et il y parviendra en composant l'infanterie de l'armée d'après le mode que je crois pouvoir lui proposer comme le résultat de mon expérience.

Les bataillons de l'armée seront composés de dix compagnies de 114 hommes chacune, organisées comme je l'ai dit en parlant des compagnies nationales, ce qui donnera 1,140 hommes par bataillon, et en y ajoutant le colonel, le lieutenant-colonel, deux adjudans-majors (grade qu'on rendra intermédiaire entre celui de capitaine et celui de lieutenant-colonel), un aumônier, un chirurgien-major, deux chirurgiens adjoints, un tambour-major, un infirmier et dix hommes pour le service de l'ambulance du bataillon, formera un total de 1,160 hommes. L'infanterie de ligne sera composée de trente bataillons et comprendra 34,800 hommes.

Toutes les compagnies de ces bataillons seront regardées comme compagnies de grenadiers, égales entre elles pour le rang comme pour la solde ; ou, si on persiste à maintenir des compagnies de grenadiers, il faut en créer deux, mais n'y appeler que les soldats qui se sont distingués par leur exactitude, leur bonne conduite ou quelque action courageuse, en se gardant bien de les prendre à la taille. Alors même il ne faut pas accorder à ces compagnies une augmentation de solde. Il faut que les soldats n'aspirent à y être admis que pour l'honneur.

La réunion de trois bataillons de ligne formera une brigade commandée par un brigadier-général qui aura deux aides-de-camp : deux brigades ne pourront être commandées que par un lieutenant-général, chef de division; et deux divisions seront toujours sous les ordres d'un capitaine-général. Enfin les capitaines-généraux seront subordonnés aux généraux en chef qu'on peut appeler simplement généraux. Cette gradation des titres des officiers-généraux me paraît indispensable pour éviter l'inconvénient qui résulte souvent de la mauvaise humeur avec laquelle un officier-général obéit à un officier-général du même grade, qui n'a en sa faveur que l'ancienneté ou la volonté du supérieur. Ces mésintelligences sont souvent bien préjudiciables aux armées. Bonaparte lui-même en a éprouvé les mauvais effets. On les préviendra en établissant bien la hiérarchie militaire, parce qu'on resserre les liens de la discipline, en établissant que nul ne doit obéissance qu'à son supérieur, et en créant ces supériorités.

L'infanterie légère de l'armée de ligne ne sera point réunie en bataillons : les nombreuses compagnies de chasseurs nationaux, destinées au service de corps légers, seront suffisantes pour les circonstances. Car si on a remarqué, dans la guerre de l'indépendance espagnole, le manque d'une infanterie solide, on a vu aussi avec étonnement, par les mouvemens rapides et hardis des guérillas, l'aptitude singulière des Espagnols pour le service des troupes légères. L'infanterie légère de l'armée ne sera point détachée d'elle, ne devra au contraire agir qu'avec elle, soit pour éclairer sa marche, soit pour servir de postes avancés ou d'arrière-garde. Je pense donc qu'il faut, non pas tout-à-fait l'identifier avec l'infanterie de ligne, mais du moins l'y attacher assez étroitement pour qu'elle soit une partie de son système. Deux compagnies d'infanterie légère, qu'on appellera les chasseurs de la ligne, seront placées à la suite de chacun des bataillons de ligne, et ces deux compagnies seront commandées sous les ordres du colonel, par un adjudant-major d'infanterie légère. Les bataillons, marchant en avant, seront précédés à une certaine distance, ou, faisant leur retraite, seront suivis par ces chasseurs. Si les bataillons opèrent réunis en brigades ou en divisions, les généraux peuvent, suivant le besoin des circonstances, réunir ces compagnies, et en former momentanément un ou deux bataillons de six compagnies, qu'ils placeront sous les ordres de colonels d'état-major pour exécuter les mouvemens nécessaires ; il en sera de même si les divisions sont réunies en corps d'armée.

Chaque bataillon de ligne ayant deux compagnies de chasseurs à la suite, commandées par un adjudant-major, le nombre d'hommes employés dans cette arme (non compris les officiers d'état-major qui, dans le cas de réunion, seront chargés de leur commandement) sera de 6,870 hommes.

Telle doit être la force de l'infanterie de l'armée espagnole en temps de guerre, et cette infanterie me paraît suffisante pour servir de ralliement et d'exemple aux grenadiers et aux chasseurs nationaux qui seront appelés avec eux à la défense de la patrie. En temps de paix ces troupes peuvent facilement être réduites de moitié par des congés de semestre accordés alternativement avec cessation de solde, excepté les officiers et sous-officiers qui conserveront alors la moitié de leur paie. L'arrangement est facile par l'organisation des compagnies. Le colonel, un adjudant-major, un capitaine, un sous-lieutenant et les six premiers hommes de chaque escouade avec la moitié des caporaux rentrent dans leurs foyers, et ensuite viennent remplacer leurs camarades à l'expiration de leurs congés, sans que le bataillon soit désorganisé.

Je reviens maintenant aux moyens de donner de la solidité aux bataillons de la ligne. Les compagnies des chasseurs de la ligne ont pour but de leur donner de la sécurité. L'appui dont ils ont besoin et qu'ils paieront avec avantage ne peut leur venir que de l'artillerie. Chaque bataillon doit avoir à sa suite une compagnie de cette arme, organisée comme les autres compagnies de l'armée et manœuvrant une pièce par escouade, à savoir six canons de douze et deux obusiers. J'ai vu moi-même tout l'avantage de ce système. Les bataillons, protégés par le feu de leurs pièces, soutiennent avec plus de fermeté les attaques de l'ennemi, ils sentent assez l'utilité de ces auxiliaires pour faire tous les efforts possibles pour les conserver, et enfin, il y a une espèce de honte qui s'attache au bataillon qui se les laisse enlever. Il ne faut, dans les circonstances présentes, négliger aucune des observations dont on peut tirer parti; il faut au contraire accueillir tout, méditer tout, et exécuter tout ce qui peut tendre à augmenter la valeur du soldat et à repousser l'idée des dangers auxquels il est exposé. Ainsi, outre l'artillerie, chaque bataillon aura une escouade de sapeurs, et dans un de ses caissons des pelles et des pioches pour exécuter les travaux que la nature du terrain ou des opérations rendraient utiles. L'artillerie des bataillons n'en sera point détachée comme les chasseurs. C'est du grand parc d'artillerie de l'armée que seront tirées les bouches à feu nécessaires pour les batteries à élever ou à promener sur les différens points où leur exécution peut être utile. Un bataillon en bataille peut avec avantage établir deux pièces à la séparation de la cinquième d'avec la sixième compagnie et deux autres pièces avec un obusier à chacune des extrémités. Les charges contre cette ligne de bataille sont dangereuses, soit qu'elles soient faites par la cavalerie ou par l'infanterie. Le bataillon les supporte avec moins d'impatience, et si l'ennemi arrive après les avoir bravées ce n'est jamais sans une espèce de désordre qui l'affaiblit et dont il est facile de profiter.

Je reviendrai ensuite sur ce sujet lorsque je parlerai de l'organisation de l'artillerie. Je passe à celle de la cavalerie.

Ce n'est que dans l'intérieur de l'Espagne que des plaines permettent le développement de cette arme, et les envahisseurs ne peuvent songer à introduire leurs escadrons que lorsqu'ayant pénétré par une partie quelconque de la frontière, ils se seront avancés dans l'intérieur. Quelques corps de cavalerie légère seulement se glisseront par des passés difficiles, mais il n'y a pas grand'chose à en redouter, si le service des chasseurs nationaux est organisé comme on doit et comme on peut facilement le faire. Le gouvernement et les Cortès doivent cependant prévoir le cas où l'invasion réussirait. Je dirai même plus, il doit, si les soldats de la Sainte-Alliance se présentent, n'offrir qu'une faible résistance sur certains points de leur frontière, afin de les amener dans l'intérieur, où on peut couper leurs communications, les environner, les harasser et finalement les détruire. Une cavalerie bien organisée est indispensable pour cela, et comme les troupes nationales n'en fourniront point, il faut qu'elle soit en proportion plus forte de ce qu'elle est ordinairement avec l'armée de ligne.

Les compagnies de cavalerie seront composées du même nombre d'hommes que celles de l'infanterie. Deux compagnies formeront un escadron, et deux escadrons un régiment. Chaque régiment, y compris le colonel, le lieutenant-colonel, deux chefs d'escadron, un aumônier, un chirurgien-major, un chirurgien-adjoint, un maréchal-vétérinaire, quatre maréchaux-ferrans, un infirmier, quatre sous-infirmiers et un trompette-major, présente un total de 474 hommes.

Il faudra organiser 8 régim. de cuiras. 3,792
4 régimens de dragons. 1,896
4 régimens de hussards. 1,896
8 régimens de lanciers 3,792
} 11,376 h.

Lanciers. L'utilité de cette arme, démontrée par le raisonnement, a été prouvée par l'expérience dans les dernières guerres. Toutes les puissances se sont empressées de les adopter : l'Espagne doit imiter cet exemple. Elle doit sortir enfin, à la faveur du système constitutionnel, de la situation stationnaire que la politique du despotisme et l'ineptie de ses ministres, depuis près d'un siècle, lui avaient imposée. La nécessité de la défense lui en ferait un devoir, quand même les avantages auraient été moins reconnus; car, encore une fois, il faut tenter tous les moyens qui se présentent.

La cavalerie, comme l'infanterie, sera formée en brigades, mais de deux régimens et en divisions de deux brigades. Quoique l'organisation des compagnies soit la même que celle de la ligne, et qu'il y aurait les mêmes facilités pour la réduction des corps en temps de paix, je pense que cette réduction serait très-désavantageuse, si on ne la limitait pas à un quart. L'instruction des hommes et des chevaux exige des exercices constans auxquels rien ne peut suppléer. On bornera donc à trois mois les congés qu'on accordera en temps de paix au quart des cavaliers, des officiers et sous-officiers.

L'artillerie est, dans l'état actuel de l'art militaire, l'arme principale des combats. Elle a fait de très-grands progrès dans toute l'Europe. L'Espagne est bien arriérée sous ce rapport, et il est temps de s'occuper à se mettre au niveau des autres nations. La pratique de cette arme exige de la part des officiers, sous-officiers et soldats, de longues études et une pratique continuelle. Comme on ne l'improvise pas ainsi que des corps d'infanterie au moment du danger, et que son organisation et sa force numérique doivent être en proportion non seulement de la force de l'armée, mais encore de celle des grenadiers et chasseurs nationaux qui, en cas d'attaque, sont appelés à en faire partie, il faut nécessairement que cette artillerie soit nombreuse, constamment au grand complet; qu'elle n'éprouve aucune réduction pendant la paix, et qu'elle soit continuellement exercée au tir et à toutes les manœuvres.

L'artillerie à pied sera composée de six bataillons, chacun de dix compagnies du même nombre d'hommes que les autres armes, et manœuvrant huit pièces par compagnie.

L'artillerie à cheval, dont, un des premiers, j'ai reconnu et éprouvé les avantages dans tous les mouvemens et les opérations d'une armée, convient parfaitement au système de guerre que la nation espagnole est heureusement forcée d'adopter. Son utilité, avérée dans les batailles, par la rapidité de ses mouvemens, n'est pas moindre dans les pays inégaux, dans les vallées et sur les montagnes que présente la frontière des Pyrénées. Sa force numérique doit être par conséquent, en raison de son utilité, pas moindre de huit régimens de deux escadrons, manœuvrant, comme l'artillerie à pied, huit pièces par compagnie.

La force totale de l'artillerie sera donc de

6 bataillons d'artillerie à pied. . . . 6,960
8 régigimens d'artillerie à cheval. . . 3,792 } 10,752 h.

Les troupes du génie ne doivent pas être nombreuses, et même, dans mon système, il n'en faut pas. C'est la troupe de ligne qui doit exécuter elle-même les travaux nécessaires, sous l'inspection des officiers et sous-officiers du génie. Il faut ramener les soldats à quelques unes des pratiques de l'antiquité, particulièrement à l'exécution des travaux militaires, qui contribuent à leur sécurité et auxquels par conséquent ils contribueront avec zèle. Il suffira donc d'organiser l'état-major de quelques compagnies de sapeurs et de mineurs. Ces états-majors, distribués par brigades, y exerceront, sous les yeux des brigadiers-généraux ou autres officiers généraux supérieurs, les soldats aux ouvrages de fortifications de la sape et de la mine. Ils seront composés d'un capitaine, un lieutenant, deux sous-lieutenans, quatre sergens et huit caporaux : en tout, seize hommes. Et en créant trente de ces cadres de compagnies, on emploiera 480 hommes capables de diriger tous les bras de l'armée, sous l'inspection de 6 colonels, 6 lieutenans-colonels et 12 adjudans-majors : total 504 hommes. Le seul corps du génie qui doit être organisé complétement, c'est celui des pontonniers; mais il n'est pas nécessaire qu'il soit nombreux, et cinq compagnies formant le bataillon des pontonniers suffiront aux besoins de l'armée. Ces cinq compagnies, avec un colonel, un lieutenant-colonel et deux adjudans-majors, feront 574 hommes. Quant aux ingénieurs géographes, le corps sera composé d'un nombre d'officiers égal à celui des officiers de 6 régimens.

L'état-major de l'armée, c'est-à-dire celui du général en chef commandant l'armée, doit se composer d'un ou de deux capitaines-généraux, d'au moins deux lieutenans-généraux, quatre brigadiers-généraux, de huit colonels et huit lieutenans-colonels et de seize adjudans-majors d'infanterie et de cavalerie : total, 40 hommes;

Des officiers supérieurs des bataillons ou régimens d'artillerie dont les compagnies sont placées à la suite des régimens : je ne les porte pas en compte, parce qu'ils sont compris dans le total de l'artillerie. Je ne compterai qu'un lieutenant-général et deux brigadiers-généraux d'artillerie : 3 hommes.

D'un lieutenant-général, deux brigadiers-généraux, quatre colonels, quatre lieutenans-colonels et huit adjudans-majors du génie ; deux colonels, deux lieutenans-colonels, quatre adjudans-majors, quatre capitaines et huit lieutenans ingénieurs géographes : 39 hommes. Total de l'état-major de l'armée, 82 hommes. Ces officiers d'état-major, résidant auprès du général en chef et n'ayant pas de commandement fixe, sont chargés de surveiller l'exécution, ou d'exécuter eux-mêmes les mouvemens qu'il jugera utiles.

Le grand état-major général, dont le ministre de la guerre est le chef, sera composé de deux capitaines-généraux, quatre lieutenans-généraux, dont un d'artillerie et un du génie, quatre brigadiers-généraux de même ; huit colonels et huit lieutenans-colonels dont un de chaque grade pour l'artillerie, le génie et les ingénieurs géographes, et trente-deux adjudans-majors et capitaines aides-de-camp : total, 58 hommes.

L'organisation des états-majors généraux et

du grand état-major a été porté, principalement en France, sous Bonaparte, à un haut degré de perfection. Mieux que personne, il a su se servir habilement des innovations de ses devanciers; heureux si son génie volcanique ne lui avait pas fait outrer tout et abuser de tout. L'Espagne doit chercher dans les institutions militaires de la France tout ce qui peut l'aider à combattre une invasion tout aussi odieuse que celle de Bonaparte et qui ne laisse pas même aux deux puissances qui la méditent, le prétexte qu'avait le premier, la nécessité d'être maître de ce pays pour combattre l'Angleterre et conserver son existence. Dans le plan d'état-major proposé, je me suis efforcé de le restreindre; car l'Espagne n'est pas assez riche pour avoir un état-major nombreux et brillant. Je n'ai demandé que ce que j'ai cru indispensable.

Récapitulons maintenant les forces militaires de l'armée permanente telles que les propose le plan que je présente à l'adoption des Cortès et du gouvernement de l'Espagne.

L'infanterie de ligne de l'armée. . . . 34,800
Infanterie légère de l'armée. 6,870
Cavalerie pesante et légère. 11,376
Artillerie à pied et à cheval. 10,752
Génie { Sapeurs et mineurs. . . . 504 ; Pontonniers. . . . . 574 ; Ingénieurs géographes . . 120 } 1,198   65,236 h.
État-major de l'armée 82
État-major-général . . . . 58 } 240
État-major des différens corps d'armée. 100

L'armée espagnole sera donc composée de 65,236 hommes en temps de guerre, auxquels se joindront, à l'approche des hostilités, les grenadiers et les chasseurs nationaux qui en tripleront la force. La dépense de l'entretien de cette masse d'hommes ne peut être onéreuse pour l'état que pendant la guerre; car, en temps de paix, les grenadiers et les chasseurs nationaux, rentrant dans leurs foyers et n'étant plus assujettis qu'à un service civil, qu'ils peuvent faire sans beaucoup entraver leurs occupations, ne recevront plus de solde; et l'armée, éprouvant les réductions indiquées ci-dessus, restera composée de :

Infanterie de ligne, réduction de moitié. 17,400
Infanterie légère, *id*. 3,435
Cavalerie, réduction d'un quart. 8,532
Artillerie, aucune réduction. 10,752   } 41,375 h.
Génie, *id*. 1,198
L'état-major-général est seul conservé. 58

Les troupes du génie ne doivent jamais cesser d'exister en corps et d'être constamment occupées des études, des travaux et des essais indispensables à cette arme. Quant à tous les officiers-généraux ou d'état-major, ils doivent, en temps de paix, être mis en disponibilité avec la moitié de leurs appointemens. Un pareil état militaire n'est pas onéreux pour l'Espagne, et il est suffisant non-seulement pour le service de paix, mais encore pour être toujours prêt à repousser les hostilités.

SECONDE SECTION.

DES TROUPES AUXILIAIRES.

Les troupes auxiliaires sont ou levées par capitulations comme les régimens suisses, ou composées de militaires étrangers qui, soit par amour pour la liberté, soit par le besoin de se battre pour obtenir du pain, offrent leurs services à des puissances belligérantes.

L'entretien constant de troupes étrangères de la première classe est contraire à la raison et insultante pour une nation qui ne doit avoir pour défenseurs que des citoyens, qui ont intérêt à la faire triompher. C'est un des instrumens des monarchies absolues ou qui veulent le devenir, et les peuples constitutionnels doivent se hâter d'abandonner ces vieux usages dont on a maintes fois reconnu le danger, soit par la révolte et l'abandon de ces corps, comme dans les temps anciens, soit par leur obéissance aveugle à des chefs étrangers, au détriment des droits des citoyens.

Les Suisses sont braves et aujourd'hui fidèles; mais cette bravoure fût-elle au dessus de celle des Espagnols, cette fidélité fût-elle au dessus de toute tentation, je ne crois pas que l'on doive les conserver comme corps étrangers, après la guerre dont l'Espagne est menacée. J'espère que la république helvétique elle-même, dont l'indépendance n'est plus qu'une chimère, sentant le besoin de conserver des forces suffisantes pour reprendre le rang dont elle est déchue, cessera bientôt ce trafic honteux qui la déshonore et ne livrera plus au plus offrant des hommes qu'elle condamne à vivre et à mourir pour des étrangers, quand ils ne devraient le faire que pour leur patrie.

Le gouvernement espagnol, s'il n'est pas enchaîné par un traité avec le gouvernement helvétique, doit offrir aux Suisses de retourner dans leur pays et accorder à ceux qui resteront, et qui consentiront à se soumettre aux lois espagnoles et à recevoir une nouvelle organisation, des avantages qui compensent le sacrifice qu'ils feront en renonçant à leur patrie. Ces avantages doivent être la naturalisation, après un certain nombre d'années de service, le don d'un terrain ou des secours accordés à leurs veuves et à leurs enfans, si les époux ou les pères succombent dans les combats. Alors ce ne sera plus comme étrangers, mais comme aspirans à la naturalisation et comme voulant mériter l'adoption, que les Suisses serviront l'Espagne. Beaucoup des soldats suisses et vallons accepteront ces conditions, et on en pourra former une brigade de deux bataillons de dix compagnies chacun, plus deux compagnies de chasseurs et une d'artillerie pour chaque bataillon. Cette brigade sera ainsi composée de 2,974 hommes.

Les autres troupes étrangères, se composant de diverses nations, ne pourront que très-difficilement être organisées en un seul corps. Les premiers de ces étrangers sont les émigrés italiens. Cette classe des martyrs de la constitution espagnole est déjà très-nombreuse, et augmentera encore par les persécutions que les Autrichiens exerceront ou feront exercer en Italie. Les Espagnols, dont le caractère est si noble, regarderont sans doute ces fugitifs comme des frères malheureux à qui ils doivent rendre une patrie. La plupart d'entre eux, accoutumés aux armes, demanderont à servir; mais, comme ils sont presque tous officiers et qu'un principe des gouvernemens représentatifs est de ne pas laisser commander les troupes nationales par des étrangers, ces officiers doivent être réunis en corps et faire, quoiqu'en conservant leurs grades et les traitemens qui y sont attachés, le service de simples soldats. Ceux des soldats qui les auront suivis seront organisés en compagnies commandées par leurs compatriotes. Il serait utile alors de former les autres de ces officiers en corps de cavalerie qui serait attaché à la brigade étrangère. A la fin de la guerre, ces officiers obtiendront tous les droits de citoyens et continueront de recevoir une solde de retraite proportionnée à leur rang et qui les mette à même de vivre, jusqu'à ce que des événemens, plus rapprochés peut-être que ne semble le présager l'état présent de l'Italie, leur permettent de retourner dans leur patrie.

Les malheurs qu'a éprouvés la France en 1814 et en 1815, quoiqu'ils aient été amenés par l'ambition de son ancien chef et que les étrangers n'aient été forcés à envahir que pour se maintenir, n'en ont pas moins laissé un vif sentiment de haine, un désir de vengeance dans l'âme des Français, et on ne peut douter que les armées coalisées de la Sainte-Alliance ou simplement de la Russie et de l'Autriche ne se présenteraient pas plus tôt sur le territoire français, que les citoyens et les soldats leur feraient éprouver leur profond ressentiment. Il est possible que cela force le gouvernement français à s'opposer au passage, et c'est le plus grand bonheur que puisse obtenir la dynastie des Bourbons. Toute la nation s'unirait avec son vénérable chef, quand elle le verrait, ferme dans les principes qu'il a énoncés dans sa charte, offrir la première barrière aux desseins des gouvernemens despotiques, se constituer le premier appui de l'indépendance des peuples. Alors la réconciliation serait complète; il n'y aurait plus rien à redouter pour la France ou pour les Bourbons, et l'Espagne serait sauvée.

Si le ministère français a la lâcheté d'accorder un passage et emploie des mesures de rigueur pour prévenir les querelles entre les Français et les étrangers, il indisposera plus vivement la nation; il la détachera davantage de ses chefs, et ne pourra empêcher une infinité d'anciens officiers, aujourd'hui sans emploi et sans ressources, de passer les Pyrénées et d'aller y attendre, au milieu des Espagnols, l'arrivée des ennemis auxquels ils ont voué une haine implacable. Une multitude d'anciens et de nouveaux soldats les suivront. Ces auxiliaires doivent être accueillis. On y trouvera des officiers-généraux et autres de tous grades d'un grand talent et d'un grand courage. Les premiers peuvent avec un grand avantage être adjoints aux états-majors, et les seconds, à qui il faut témoigner de la confiance, s'organiseront d'eux-mêmes, suivant le besoin, en compagnies d'artillerie ou du génie, et suppléeront par leurs connaissances et leur pratique à ce qui peut manquer aux Espagnols.

L'Angleterre enverra aussi au secours de l'Espagne son contingent d'officiers qui n'ont pas oublié leurs anciens alliés, leurs braves compagnons de dangers. Ceux-ci, plus habitués à agir de concert avec les Espagnols dans la dernière guerre, peuvent, avec moins d'inconvéniens, être placés dans les corps nationaux et particulièrement dans ceux des grenadiers nationaux. Les généraux, ainsi que les généraux français, seront attachés aux états-majors.

On a eu long-temps l'habitude d'armer les transfuges, les déserteurs de l'ennemi, et même on a prétendu qu'ils étaient les soldats les plus intrépides. Je ne partage point cette opinion; je pense, au contraire, que l'on ne doit pas employer au service militaire contre une nation les sujets de cette nation, de quelque manière et sous quelque prétexte qu'ils se présentent. Il vaut mieux recevoir avec bonté les déserteurs, les traiter avec douceur, les disperser en petit nombre dans les villes; laisser à ceux qui savent quelque métier la liberté d'exercer et occuper les autres dans l'intérieur aux différens travaux auxquels on les jugera propres. Quant à ceux dont la conduite serait irrégulière, on les escorterait sur une frontière opposée à celle que menace l'ennemi, et on leur ordonnerait de ne plus rentrer dans le pays, ou on les transporterait sur un territoire neutre.

Un plan d'organisation maritime exigerait des renseignemens qui me manquent. Je me bornerai à recommander l'adoption des classes ou conscription maritime, conception de Louis XIV, qui obtint des résultats très-avantageux, et qui n'a pas, comme la presse, l'inconvénient de dégarnir la marine marchande. Cette conscription doit, comme cela était en France, s'étendre à deux lieues de la mer et à une lieue des rivières qui tombent dans la mer et qui sont navigables pour les vaisseaux pontés et naviguant à voiles carrées. J'ignore si les classes ont été établies en Espagne à perpétuité; mais du moins, on en peut obtenir, avec la plus grande facilité, les 15,000 matelots que, dans les circonstances présentes, je crois suffisans pour les besoins de l'état.

TROISIÈME SECTION.

ORGANISATION DES GRENADIERS NATIONAUX.

Les 568 compagnies de grenadiers nationaux doivent être réunies en bataillons de dix compagnies, comme les troupes d'infanterie de ligne, dont ils partageront le service. Il y aura par conséquent 56 de ces bataillons, et les 8 compagnies de surplus seront épuisées par le complément de l'état-major de ces bataillons, état-major qui doit être pris parmi les officiers, suivant l'ordre d'ancienneté ou le mérite. Les 58 bataillons présenteront une masse de 64,960 hommes. Ils seront, comme la ligne, divisés en brigades de trois bataillons, et autant que possible les divisions seront formées d'une brigade de ligne et une brigade de grenadiers nationaux. Afin même de simplifier le système, on peut, et je conseille de réduire la brigade à deux bataillons, dont l'un de ligne et l'autre de grenadiers nationaux. Les divisions seraient alors de quatre bataillons au lieu de six.

D'après ce système, on commencerait par attacher trente bataillons de grenadiers nationaux à l'armée, unissant chacun d'entre eux à un bataillon de ligne. Les 26 bataillons restant seront destinés à garrisonner les places, à y soutenir des siéges, à les défendre jusqu'à la dernière extrémité. On a vu dans la dernière guerre des exemples de la constance obstinée des Espagnols sous ce rapport, et on peut avec confiance s'attendre au renouvellement de ces belles défenses de la part des grenadiers nationaux.

Dans le cas où l'armée, faisant une retraite, serait obligée de garrisonner des villes dont elle s'éloignerait, on n'y placerait jamais que des bataillons nationaux, même quand les 26 bataillons de surplus seraient tous employés à ce service, parce que la troupe de ligne étant plus particulièrement organisée pour résister en plaine, y étant plus accoutumée, ayant plus l'habitude des manœuvres et des évolutions à faire en plaine campagne, y sera d'une plus grande utilité; tandis que pour la défense des places elle ne pourrait faire plus ni mieux que les troupes nationales. Les bataillons de ligne, desquels on aura ainsi séparé le bataillon de grenadiers nationaux, s'embrigaderont alors avec d'autres bataillons de ligne.

Je ne m'occupe encore que de l'organisation des corps; je me borne à en indiquer le service. J'exposerai ce service avec plus de détails dans la seconde partie où je traiterai du système de défensive à adopter. Mais avant je dois parler encore de l'organisation des chasseurs nationaux. C'est peut-être la partie militaire la plus importante de ce plan, et on doit y faire beaucoup d'attention. De là peut-être dépend le sort de l'Espagne et de la liberté.

QUATRIÈME SECTION.

ORGANISATION DES CHASSEURS NATIONAUX.

Dans toutes les guerres anciennes ou modernes, les peuples arriérés dans l'art militaire, et qui n'avaient ni les moyens d'organiser de nombreuses armées, ni le talent de faire mouvoir avec promptitude et régularité ces grandes masses d'hommes qui décident du sort des nations, ont été forcés de se replier, de fuir, de se disperser devant les troupes ennemies, de ravager eux-mêmes le pays, de se partager en petites bandes, agissant sans plan fixe et sans ensemble, n'ayant qu'un but commun que chacun cherchait à atteindre à sa manière, celui de harceler, de combattre, d'affamer les corps détachés, et de détruire ainsi en détail les armées auxquelles ils ne pouvaient résister en bataille. Les premiers succès dans ce genre de guerre devaient nécessairement grossir les rangs de ces soldats volontaires; le butin qu'ils retiraient de leurs expéditions les encourageait, et en définitive, presque toute la population d'un pays se trouvait sous les armes, sans avoir d'armée, et était forcée de se battre longtemps et partout avant de faire quelque chose de décisif.

C'est ce système que l'Espagne a suivi dans la dernière guerre. Ses guérillas ont fait le plus grand mal à l'armée française, et ont contribué principalement à la libération de l'Espagne. Il ne faut pas cependant que l'on s'abuse sur ce système, et que, parce qu'il a été d'une grande utilité, on s'imagine qu'il faut le laisser tel qu'il est et en attendre le même succès que par le passé. On doit au contraire reconnaître les défauts de ces corps afin de les corriger, et le mal qu'ils ont pu faire, afin de le prévenir.

La formation de ces guérillas n'était pas dirigée par le gouvernement. Un prêtre, un moine, un avocat, un médecin, un artisan, un laboureur, rassemblaient autour d'eux des hommes dont ils étaient connus, excitaient leur haine contre les étrangers, les armaient de tout ce qu'ils rencontraient, en devenaient les chefs, sans reconnaître de supérieurs, sans même avoir sur leurs suivans volontaires d'autre autorité que celle que les intérêts ou la confiance de ceux-ci voulaient bien leur reconnaître. Ainsi, il y avait dans l'état des corps armés, créés sans l'autorisation du gouvernement, sans relations avec lui, sans contact avec son armée, sans contact régulier même les uns avec les autres. C'était un défaut.

Ces guérillas, n'ayant ni administration, ni solde, ni provisions, ni même de munitions, ne pouvaient vivre que par le pillage de leurs concitoyens; elles ajoutaient ainsi aux malheurs des habitans, aux ravages causés par l'invasion étrangère. C'était un grand mal.

Ces guérillas, que rien ne retenait sous les armes, puisque leur volonté seule les faisait soldats, étaient quelquefois nombreuses, quelquefois paraissaient dissoutes. Une affaire malheureuse, la perte d'un chef les anéantissait. Le moment où leur coopération pouvait être utile et décisive était quelquefois celui où on ne pouvait les réunir. Les généraux espagnols et alliés n'étaient guère plus instruits que l'ennemi de leur nombre et de leurs positions. C'étaient de nouveaux inconvéniens.

Enfin, tous les chefs de ces guérillas étaient indépendans les uns des autres; ce qui, en empêchant leur réunion en grand nombre sous un même général, devait nécessairement les empêcher de rien tenter de considérable. Quelques uns de ces chefs, et surtout Mina et l'Empecinado, ont acquis une grande réputation, ont déployé des talens militaires supérieurs et auraient fait de bien plus grandes choses s'ils avaient eu une autorité suprême, la direction générale sur ces troupes; mais leur commandement ne s'étendait que sur leurs bandes, qui étaient plus considérables, à la vérité, mais seulement parce que leurs noms étaient plus connus par leurs actions intrépides et mieux combinées.

N'est-il pas possible de conserver aux guérillas les avantages de leur mobilité, de leur rapidité, du secret de leurs mouvemens, de leur dissolution apparente et momentanée, en les délivrant de tous les inconvéniens que je viens d'indiquer ; en leur donnant une organisation régulière, une hiérarchie militaire semblable à celle du reste de l'armée; en leur laissant une partie de leur franc-aller, mais en les astreignant à des communications obligées avec l'armée? En un mot, de régulariser l'irrégularité essentielle à ces troupes?

Je le pense. Et dans le Mémoire militaire adressé à la nation napolitaine, j'ai essayé de présenter un plan d'organisation que je vais reproduire avec quelques développemens nouveaux, parce que je persiste à croire que l'adoption entière de ce plan et du courage dans les hommes auraient entièrement changé la face des affaires, et que les Autrichiens, au lieu de régner à Naples et à Turin, seraient aujourd'hui acculés aux montagnes du Tyrol.

Le service des guérillas consiste à inquiéter l'ennemi, à le harceler dans sa marche, à intercepter ses communications, à saisir ses convois, à couper les différens corps de son armée, à en envelopper et enlever les détachemens, à l'attaquer quand on est parvenu à l'isoler, à présenter tantôt de faibles détachemens sur différens points, tantôt des masses sur un seul; à paraître, attaquer, profiter de ses avantages ou disparaître avec la même rapidité; se rallier pour de nouvelles expéditions; éviter les plaines, se tenir dans les lieux montueux et difficiles, les rendre inaccessibles à l'ennemi, l'y égarer et l'y detruire, s'il a l'imprudente témérité de les suivre, ou après y être entré d'un côté, en ressortir rapidement par un autre sur ses flancs ou sur ses derrières. La frontière nord de l'Espagne est la plus avantageuse possible pour ce genre de guerre. Ce doit être le quartier-général des guérillas, et il faudrait des forces immenses et bien du temps pour les en déloger, si une fois elles y étaient établies.

Il ne faut pas un long apprentissage pour ce genre de guerre. On a vu, dans la guerre de l'indépendance, que presque tous les hommes y étaient faits sur-le-champ; il suffit de chefs supérieurs habiles et intrépides, d'officiers ou soldats qui connaissent bien le pays, et c'est à ce service que seront destinées les 568 compagnies de chasseurs nationaux : quant au chef, l'Espagne et l'Europe l'ont nommé; c'est Mina.

Cependant, comme les habitans des montagnes ont plus d'aptitude à ce genre de service que ceux des plaines; qu'ils sont en général plus lestes, plus actifs, plus habitués à supporter les fatigues et les privations, plus indépendans, plus ennemis de l'uniformité et de la subordination, on pourrait, dans l'organisation de la milice nationale, donner aux bataillons des pays de montagnes deux compagnies de chasseurs sans grenadiers, en donnant aux bataillons des pays plats deux compagnies de grenadiers sans compagnie de chasseurs, de manière cependant que le nombre des unes soit toujours le même que celui des autres.

Le nombre de ces compagnies doit être, d'après les calculs faits dans la première section, de 568. Pour organiser ces compagnies en corps, il faut avoir égard au service auquel ils sont destinés. Le mystère et la rapidité de la marche ne s'accordent guère avec des bataillons nombreux. Les bataillons de chasseurs nationaux, ou comme je les appellerai par la suite, de guérillas, ne le seront donc pas; mais, comme ils doivent être assez forts pour inquiéter au moins un régiment de ligne, il ne faut pas non plus les réduire trop. Je pense donc que les bataillons de guérillas auront la force et la rapidité nécessaires, si on les porte à cinq compagnies.

L'armement des guérillas doit éprouver une addition qui me paraît importante. Ces troupes, par l'impossibité de résister un instant en plaine à une attaque d'un corps régulier, ont souvent manqué le but que se proposaient les chefs et ont été dispersées rapidement; quelquefois elles ont été poursuivies par les troupes légères de l'ennemi et, pour éviter de succomber sous leurs coups ou d'être prisonnières, se sont entièrement débandées. Ce serait un grand avantage que d'ajouter plus de solidité à ces corps, de leur donner plus de moyens de résistance, soit en plaine et devant l'ennemi, soit dans les retraites. On approchera ce but, si même on ne l'atteint pas entièrement, en ajoutant à l'armement de la première compagnie une pique ou lance de neuf pieds de long, qui sera croisée à la hauteur de mire pour appuyer le fusil, et chacune des autres compagnies aura toujours une escouade qui, outre ses armes, sera munie de haches; une autre, de pics, de pelles, afin de remuer les terres, dégrader les chemins et faire des retranchemens dans les lieux où on croira pouvoir arrêter l'ennemi : toutes les escouades de chaque compagnie (excepté la première) se releveront pour ces travaux. Je désirerais même, comme je l'avais demandé dans le plan militaire pour le royaume des Deux-Siciles, que toutes les escouades eussent ces outils, outre leur armement. L'ordre de bataille en colonne de chacun de ces bataillons, ou comme je les appellerai de ces cohortes, sera un front de cinquante-quatre piquiers ou lanciers et dix hommes de profondeur, masse très-susceptible de mobilité, quoique très-solide; et, par les travaux que chaque cohorte est à même d'exécuter, ell peut se fortifier dans des postes et s'y défendre contre des forces supérieures, quoique cependant elle ne doit pas le faire imprudemment.

Le grand avantage des guérillas, c'est la rapidité de leurs mouvemens, la facilité de paraître sur plusieurs points à la fois et de se réunir soudainement en grand nombre sur un seul, lorsqu'il y a quelque expédition à faire. Il faut donc donner aux cohortes des moyens simples de réunion par leur embrigadement; et comme les cohortes, dont le caractère est d'être séparées les unes des autres, ne peuvent se réunir que pour attaquer un ennemi nombreux, les brigades de guérillas doivent présenter une force considérable. On doit les composer de six cohortes. Lorsque les circonstances requièrent la réunion de deux ou plusieurs brigades, elles seront commandées par un lieutenant-général, ou par un capitaine-général si deux ou plusieurs divisions devaient se réunir sur un point commun pour agir simultanément.

Les cohortes seront commandées par un colonel, un lieutenant-colonel et deux adjudans-majors. Le total des hommes de chaque cohorte, y compris un aumônier et un chirurgien, sera de 576.

Les 568 compagnies de chasseurs nationaux formeront ainsi 113 cohortes, et ces 113 cohortes 18 brigades de guérillas. Le nombre des hommes, en négligeant les compagnies et les cohortes de surplus, sera alors pour tout le corps de guérillas de 62,208, non compris l'état-major général.

La solidité que je crois nécessaire de donner à ces troupes, surtout lorsqu'elles doivent agir en masse, exige que chaque brigade soit pourvue d'artillerie, dans les cas où elle agirait en plaine; et, comme cette artillerie doit suivre le mouvement central de sa brigade, mouvement toujours rapide, c'est l'artillerie légère de l'armée qui fera ce service. Cinq régimens d'artillerie légère seront donc attachés au corps de guérillas; chaque brigade en aura une compagnie, et les deux compagnies de surplus resteront au quartier-général du général en chef des guérillas, auprès de qui résideront deux colonels, deux lieutenans-colonels et quatre adjudans-majors de l'arme.

Le besoin d'assurer les communications entre les cohortes, aussi bien qu'avec les autres brigades et le général en chef des guérillas et avec l'armée de ligne, requiert l'addition au corps de guérillas de troupes de cavalerie. Cinq régimens de lanciers seront attachés au corps de guérillas, savoir : une compagnie par brigade, comme l'artillerie, et les deux compagnies de surplus seront attachées au quartier-général du commandant en chef. Ces compagnies de lanciers seront chargées d'accompagner et garder l'artillerie. Une escouade sera toujours de service auprès du brigadier-général, pour porter ses ordres ou ses dépêches; et deux escouades seront toujours en éclaireurs aux l'extrémités droite et gauche des cantonnemens de la brigade. Toutes les escouades de la compagnie se releveront dans ces services.

Les travaux que les guérillas auront souvent à exécuter, soit pour détruire les routes, soit pour se retrancher, nécessiteront la présence à chaque brigade d'officiers et sous-officiers du génie pour diriger les travaux des soldats. Dix des cadres de compagnies du génie seront adjointes aux guérillas, à savoir deux officiers et la moitié des sous-officiers de chacune des compagnies par brigade. Une de ces compagnies restera avec le général en chef des guérillas, ainsi que les officiers supérieurs de cette arme.

Enfin, chaque brigadier-général aura auprès de lui un ingénieur géographe, chargé d'examiner tout le pays que doit parcourir et que parcourra la brigade, d'en faire les rapports et les plans en double; une copie pour l'usage de la brigade, et l'autre pour celui du général en chef des guérillas, à l'état-major duquel seront attachés un colonel, un lieutenant-colonel et deux adjudans-majors des ingénieurs géographes.

Chacune des brigades de guérillas, avec l'artillerie, la cavalerie et le génie, sera alors forte de 3,693 hommes. Les guérillas, ainsi organisées et commandées par un général expérimenté dans ce genre de guerre, doivent arrêter toute armée qui tenterait de pénétrer en Espagne, quelque considérable qu'elle fût, surtout lorsqu'elle pourrait compter sur la coopération d'une armée solide et nombreuse; mais, cette organisation une fois adoptée, il faut défendre, même sous les peines les plus sévères, toutes levées de corps particuliers qui causeraient du désordre et qui, n'étant ni reconnus ni soldés par le gouvernement, ne pourraient vivre que de brigandage, ravageraient les demeures de leurs concitoyens et contrarieraient les desseins et les mouvemens des guérillas régulières.

Récapitulons maintenant les forces militaires que le plan que j'ai l'honneur de proposer aux Cortès et au gouvernement de l'Espagne, regarde comme nécessaires pour la défense du pays.

Armée.	65,236 hommes.
Grenadiers nationaux.	64,960
Guérillas.	62,208
Total.	192,404
Marine.	15,000 environ.
Total général.	207,404

C'est aujourd'hui qu'il faut s'occuper de la levée, de l'organisation et de l'armement de cet état militaire. Les délais seraient dangereux, puisqu'ils exposeraient l'Espagne à être prise au dépourvu. Le sort de Naples est une grande leçon pour le peuple espagnol; qu'il ne se laisse pas abuser par de vaines paroles, par des assurances de paix et d'amitié. La politique moderne cache ses projets hostiles sous des protestations de bienveillance, l'Espagne ne doit pas l'imiter. C'est à elle surtout qu'il faut dire aujourd'hui : *Si vis pacem, para bellum.*

J'ai cherché constamment, dans le plan que

je soumets aux Cortès et au gouvernement, à concilier deux choses : la sécurité de l'état contre les attaques étrangères, et la sécurité des citoyens contre les forces de l'armée. Les armées ont été trop souvent chez tous les peuples, et il faut bien l'avouer, sont encore aujourd'hui presque partout les instrumens trop dociles de la tyrannie des gouvernemens, pour que les citoyens ne les voient pas avec une certaine inquiétude. Il fallait, par conséquent, combiner la distribution des forces de l'état, de manière que celle mise à la disposition constante du gouvernement ne pût être dangereuse pour les libertés publiques. Mais ce n'est pas assez pour atteindre ce but que d'avoir calculé les forces numériques des différens services militaires, de sorte que l'armée permanente soit bien inférieure aux troupes nationales, il faut encore employer des moyens moraux qui donnent des garanties encore plus fortes. Il faut ramener à la sociabilité l'esprit militaire qui a été entraîné dans toute l'Europe à la barbarie, c'est-à-dire à la domination par la force. Il faut rappeler l'armée aux principes de son institution; lui inculquer, comme principe unique, le devoir de n'employer ses armes que contre les ennemis étrangers.

C'est aux troupes citoyennes à intervenir dans les affaires civiles, à prêter main-forte à l'exécution des ordres des magistrats. Dans aucun cas l'armée ne doit intervenir, à moins que, par un accord commun, les Cortès et le gouvernement n'en réclament le secours. Que les lois de l'état déclarent déchu des droits de citoyen tout homme de l'armée qui aura tourné ses armes contre ses compatriotes, tout officier qui en aura donné l'ordre.

C'est vainement qu'on dira qu'une pareille loi met tout à la merci des ennemis de l'ordre public, et que l'état peut facilement s'écrouler dans les commotions excitées par les factions. C'est là le prétexte dont le despotisme appuie ses prétentions de diriger à son gré les soldats de l'armée contre les ennemis extérieurs ou contre les citoyens. L'Espagne constitutionnelle doit rejeter ces maximes de la tyrannie. Le but des gouvernemens, celui surtout du gouvernement espagnol, comme l'indique sa constitution, c'est de donner au plus grand nombre possible le plus grand bonheur possible. Si le gouvernement espagnol est fidèle à ce principe, il aura toujours pour lui le plus grand nombre des citoyens, qui sauront bien calmer les commotions, étouffer les factions et rétablir la tranquillité, sans employer l'armée. S'il se conduisait autrement, je ne vois pas la nécessité de sa conservation. Sa destruction n'est pas alors le désir d'une faction, c'est l'intérêt de tous les citoyens, et dès lors l'armée ne doit pas intervenir, pour imposer à son pays la conservation d'un gouvernement qui en fait le malheur.

Ces réflexions d'une longue expérience seront sans doute condamnées comme anarchiques par les hommes avides de domination, qui croient que leur droit est de tout oser et le devoir d'un peuple de tout souffrir. Peut-être elles seront combattues aussi par des hommes amis de leur pays et de la justice ; mais, à coup sûr, ces hommes seront constitués en autorité quand ils les combattront, et dès lors ils sont récusables. Il y a quelque chose dans le pouvoir qui gâte jusqu'aux meilleures dispositions. L'homme qui y arrive est trop enclin à le regarder comme sa propriété et à s'en croire inséparable. Dès lors il croit qu'on le dépouille d'une partie de son bien, si on veut le limiter. Avec le plus grand désir d'opérer le bien public, il craint de ne pouvoir rien opposer à la résistance qu'il éprouvera, et laisse subsister les échafaudages du despotisme, à l'aide desquels ses successeurs pourront l'accabler lui-même.

Mais les hommes qui ont vu et médité les événemens, qui ont été observateurs attentifs des catastrophes dont presque tous les états européens ont été les victimes, les vrais amis de l'ordre et de la liberté, approuveront ces idées et demanderont sans doute qu'elles deviennent les bases du nouveau système militaire à adopter. Le siècle les cultivera, les mûrira et en léguera tous les fruits aux siècles suivans. Tôt ou tard elles seront généralement adoptées, et peut-être même nous ne sommes pas loin de l'époque où le système constitutionnel, proscrit aujourd'hui par la Sainte-Alliance, triomphant et de ses armes et de ses préjugés, établissant partout ses principes, étouffera partout les germes de guerre, assurera aux nations un de leurs premiers besoins, la paix, et les délivrera de ce mal malheureusement nécessaire aujourd'hui, lesarmées permanentes.

CONCLUSION DE LA PREMIÈRE PARTIE.

Je me suis borné, dans cette première partie, à l'organisation des forces militaires de l'Espagne et à demander qu'on s'occupe dès à présent de cette organisation. Les Cortès, sans ralentir leurs travaux civils, peuvent d'ici au printemps prochain, époque avant laquelle aucune armée ne peut arriver sur les frontières des Pyrénées, lever, armer, exercer l'armée de ligne et la marine, et en même temps former les bataillons de milices avec les compagnies de grenadiers et de chasseurs. L'organisation de l'armée de ligne exigera des dépenses, mais qui ne seront pas au dessus des ressources de l'état. Avec une bonne administration militaire conduite avec une sévère économie, en ne refusant rien aux besoins des soldats, 50 millions de francs doivent suffire.

L'organisation des bataillons de la milice ne coûtera à l'état que les frais d'armement et d'habillement, si, contre mon attente, les Espagnols destinés à en faire partie ne pouvaient s'habiller et s'armer à leurs frais, ou à l'aide des hommes riches et distingués placés comme officiers à la tête des compagnies et des bataillons. Les souscriptions volontaires de ces dignes citoyens couvriraient facilement les dépenses de ceux qui ne pourraient les faire.

Ces forces immenses ne coûteraient rien jusqu'au signal des hostilités, qui en arracherait un tiers à leurs foyers : alors ce serait le temps des sacrifices pour l'Espagne; mais elle ne pourrait s'y refuser. Il s'agira de son existence.

La seconde partie traitera de la distribution des troupes en différens corps d'armée, et des moyens de défense que je crois utile d'adopter. Je ne puis guère, éloigné des lieux comme je le suis, entrer dans beaucoup de détails; mais je tracerai un système général dont les généraux espagnols pourront facilement tirer toutes les conséquences.

SECONDE PARTIE.

PREMIÈRE SECTION.

DISTRIBUTION DE L'ARMÉE EN DIFFÉRENS CORPS.

Les trois provinces frontières par lesquelles l'ennemi peut pénétrer en Espagne, donnent aux différens corps de l'armée une distribution naturelle, et la partagent nécessairement en trois corps.

L'armée de Catalogne ou de l'Est, l'armée

d'Aragon ou du Centre, et l'armée de Navarre et de Biscaye ou de l'Ouest. Les règles de la guerre exigent la formation d'un quatrième corps d'armée, sous le titre d'armée de réserve. La force de chacune de ces armées doit être en proportion des forces qui leur sont opposées. On ne peut encore dire avec certitude quelle sera la marche de l'ennemi; ce n'est par conséquent que par un calcul de probabilités que l'on peut diriger les différens corps d'armée espagnols. Les troupes autrichiennes et russes peuvent-elles entrer en masse par le même point, pour conquérir la péninsule? Non, parce que cette guerre exigeant une armée très-nombreuse, qui ne pourra porter avec elle des provisions suffisantes, ces troupes auraient bientôt affamé le pays et seraient bientôt affamées elles-mêmes.

L'invasion doit donc se faire sur différens points et par des corps d'armée différens; mais le système militaire que les souverains alliés ont appris à leurs dépens, dont Bonaparte fut le grand maître, et qui, quoiqu'il lui ait été fatal à la fin, est suivi par ses vainqueurs, naguère ses vassaux; ce système militaire, dis-je, consistant à marcher rapidement sur la capitale de l'ennemi, pour y imposer des conditions, engagera nécessairement les envahisseurs à faire une attaque principale avec des forces plus considérables, vers les points les plus rapprochés de Madrid, et qui offrent les routes les plus directes et les plus faciles pour y arriver, la Navarre et la Castille.

Une autre considération qu'on ne doit pas perdre de vue, quoiqu'elle soit au grand détrment de l'Espagne, doit diriger le gouvernement dans la distribution de ses forces. C'est que la France n'étant que partie passible dans cette guerre, toute idée de contre-invasion qui dans les guerres entre nations limitrophes égalise la partie, si je puis m'exprimer ainsi, doit être repoussée, parce que la contre-invasion, faisant peser sur la France le fardeau de la guerre, et l'exposant à ses ravages, la forcerait à être acteur dans cette lutte, et attirerait un nouvel ennemi à l'Espagne, ce qu'elle doit éviter. Ainsi, la guerre se fera sur le territoire espagnol ; l'invasion aura lieu sur différens points, et, suivant toute probabilité, l'attaque principale sera dirigée vers la Navarre.

L'invasion en Catalogne ne serait, pour ainsi dire, qu'une fausse attaque pour occuper une partie des forces espagnoles, et couvrir le dessein de l'attaque principale. L'ennemi n'emploiera pas des forces considérables de ce côté, du moins le corps d'armée qu'il y destinera ne sera pas de plus de 40,000 hommes.

L'invasion du royaume d'Aragon peut être plus réelle et être faite avec des forces plus considérables; moins cependant pour le succès de cette invasion elle-même, que pour appuyer l'invasion de la Navarre et en seconder les opérations. Il me paraît difficile de pénétrer par les Pyrénées dans ce royaume, pour peu qu'on se soit occupé de sa défensive, et qu'on ait pris des mesures pour arrêter l'ennemi, qui, dans l'espoir de vaincre tous les obstacles, pourra se décider à faire l'attaque avec 50,000 hommes.

Enfin, la troisième invasion, celle de la Navarre, qui me paraît devoir être la principale, sera faite avec 60,000 hommes, ce qui fait monter à 150,000 hommes l'armée d'opération de la Sainte-Alliance en Espagne. Il est impossible que cette armée soit plus nombreuse, peut-être même elle le sera beaucoup moins; mais l vaut mieux s'attendre au pis.

Les forces que, d'après la première partie de ce plan militaire, l'Espagne aurait à opposer, montent à 192,404 hommes, arrangés de la manière suivante :

30 bataillons de ligne formant un total de. 34,800
Embrigadés avec 30 bataillons de grenadiers nationaux. 34,800 } 69,600
A cette infanterie se joignent 2 compagnies de chasseurs de la ligne pour chaque brigade. . 6,870 } 10,350 } 79,950 h.
Et 30 compagnies d'artillerie à pied (3 bataillons). 3,480

26 bataillons de grenadiers nationaux, non embrigadés avec l'infanterie de ligne, et destinés à garrisonner les places 30,160

18 brigades de guérillas . . 62,208
5 régimens d'artillerie à cheval attachés à ces brigades. . . 2,370
5 régimens de lanciers, *id*. 2,370 } 67,138 h.
10 cadres des compagnies du génie. 160
Et des ingénieurs géographes, 25 ou 30. 30

177,248

Report de l'autre part. . . 177,248

Cavalerie. 8 rég. de cuiras.	3,792		
4 régimens de dragons. . .	1,896	9,006	
4 régimens de hussards. . .	1,896		
3 régimens de lanciers. . .	1,422		
3 bataillons d'artillerie à pied.	3,480	4,902	15,156 h.
3 régimens d'artil. à cheval.	1,422		
Sapeurs et mineurs. 20 c^{es}.	320		
Pontonniers. 1 bat. de 5 c^{es}.	574	984	
Ingénieurs géographes. . .	90		
États-majors et officiers supérieurs du génie.	264		

Total général comme ci-dessus. 192,404 h.

Pour faciliter l'intelligence de ce que je dirai par la suite sur les dispositions à faire, je rappelle que, par l'addition d'une compagnie d'artillerie et de deux compagnies de chasseurs de la ligne à chaque bataillon de l'armée, la brigade qui sera formée d'un de ces bataillons et d'un bataillon de grenadiers nationaux, sera forte de 2,663 hommes, et que les brigades de guérillas, y compris l'artillerie légère, les lanciers et sous-officiers du génie, seront composées chacune de 3,693 hommes.

L'armée de Catalogne doit être composée

de 6 bataillons de grenadiers nationaux non embrigadés et destinés à garrisonner et à défendre les places que, par suite de ses mouvemens, l'armée espagnole serait forcée de laisser exposées aux attaques de l'ennemi.

Ces 6 bataillons font une masse de	6,960 h.
5 brigades de ligne	13,315
3 brigades de guérillas	11,079
2 régimens de cuirassiers	948
1 de hussards et 1 de dragons	948
4 cadres des compagnies du génie	64
10 officiers d'ingénieurs géographes	10
Parc d'artillerie avec un demi-bataillon	580
Total des forces de l'armée de Catalogne.	33,904

Armée d'Aragon.

6 bataillons de grenadiers nationaux non embrigadés	6,960
8 brigades de ligne	21,304
4 brigades de guérillas	14,772
2 régimens de cuirassiers	948
1 de hussards, 1 de lanciers et 1 de dragons	1,422
Parc d'artillerie avec un demi-bataillon	580
1 régiment d'artillerie à cheval	474
4 cadres des compagnies du génie	64
15 officiers ingénieurs géographes	15
1 compagnie de pontonniers	114
Total de l'armée d'Aragon	46,653

Armée de Navarre et de Biscaye.

10 bataillons de grenadiers nationaux non embrigadés	11,600 h.
10 brigades de ligne	26,630
4 brigades de guérillas	14,772
3 régimens de cuirassiers	1,422
1 de dragons, 1 de hussards, 1 de lanciers	1,422
Parc d'artillerie avec un bataillon	1,160
1 régiment d'artillerie à cheval	474
8 cadres des compagnies du génie	128
30 officiers ingénieurs géographes	30
2 compagnies de pontonniers	228
Total de l'armée de Navarre et de Biscaye.	57,866

Les sept brigades de guérillas restantes formeront un corps particulier, sous le titre d'avant-garde de l'armée, et seront placées sous le commandement d'un général à qui on donnera la plus grande latitude d'action et le titre de général en chef des grandes guérillas. Je parlerai tout à l'heure du service que ces troupes auront à faire. Leur nombre s'élèvera à 25,851 hommes.

Réserve de l'armée.

3 brigades de ligne...............	7,989 h.
1 régiment de cuirassiers............	474
1 de dragons...................	474
1 de hussards..................	474
1 de lanciers...................	474
Parc d'artillerie avec un bataillon d'artillerie à pied...................	1,460
1 régiment d'artillerie à cheval.........	474
2 compagnies de pontonniers.........	228
4 cadres des compagnies du génie.......	64
15 officiers ingénieurs géographes	15
Total de la réserve de l'armée.....	12,126

Une des quatre brigades de ligne qui ne font partie ni de la réserve ni d'aucune des armées, fera le service de la garnison de Madrid; la seconde de ces brigades sera à Valence, la troisième à Grenade et la quatrième à Cadix. De même, les quatre bataillons de grenadiers nationaux seront placés, l'un à Carthagène, l'autre à Alicante, le troisième à Alméria et le quatrième à Malaga. Le service de toutes les places de l'intérieur sera fait par les compagnies de la milice.

Je n'ai pas porté en compte les troupes étrangères dont le nombre est trop incertain pour entrer dans mes calculs. Les réfugiés de l'Italie et les volontaires des autres nations voudront être en première ligne de bataille, et comme on peut compter sur leur courage et leur dévoûment, on les attachera à celle des trois armées où leur présence et leur valeur peuvent être de la plus grande utilité. Quant aux troupes suisses, on les attachera à la réserve de l'armée.

SECONDE SECTION.

POSITIONS DES DIFFÉRENS CORPS D'ARMÉE.

Dès la première apparence des hostilités, c'est-à-dire aussitôt que les premières colonnes des alliés arriveront sur les frontières de France, pour traverser les départemens méridionaux, toutes les troupes espagnoles des trois armées doivent se mettre en marche et se porter vers les Pyrénées.

Toutes les guérillas doivent être placées sur l'extrême frontière, savoir : les trois brigades de de l'armée de Catalogne, détachées en cohortes, depuis Cervera, sur les bords de la Méditerranée, jusqu'à Viella, extrême frontière nord-ouest de la Catalogne. Le général de la première brigade aura son quartier-général à Mazanet; celui de la seconde à Belver et celui de la troisième à Viella.

Les quatre brigades de guérillas de l'armée d'Aragon, détachées en cohortes, s'étendront depuis Venasques jusqu'à Castillo de Ansa. Le quartier-général de la première brigade sera à Venasques; celui de la seconde à Gistan, celui de la troisième à Fanlo, et celui de la quatrième à Canfrane.

Les quatre brigades de guérillas de l'armée de l'Ouest, aussi séparées en cohortes, occuperont depuis le village d'Ysala jusqu'à Fontarabie. Le quartier-général de la première brigade sera à Oxagabia, celui de la seconde à Ronces-Valles, celui de la troisième à Échalar, celui de la quatrième à Irun.

Comme l'ennemi doit nécessairement, quelque part qu'il veuille tenter l'invasion, passer (n'importe à quelle distance, ceci dépendra de ses arrangemens avec la France) devant les frontières de la Catalogne, le général en chef des grandes guérillas établira provisoirement son quartier-général à Urgel. Cinq de ses brigades seront alors stationnées sur l'extrême frontière de la Catalogne, comme les guérillas de l'armée de l'Est, qui se resserreront alors, et deux sur l'extrême frontière de l'Aragon.

Il observera la marche de l'ennemi, marchera lui-même parallèlement par l'intérieur, si l'ennemi longe les Pyrénées pour pénétrer par la Navarre; réunira ses cohortes et ses brigades ou les éparpillera, selon que l'ennemi montrera l'intention d'attaquer et d'entrer sur le territoire. Il ne doit cependant pas risquer de combats contre des masses, il vaut mieux ne disputer le passage que pour la forme, puis avoir l'air de fuir et dérober sa marche, afin de reparaître, suivant les circonstances, sur les flancs ou sur les derrières de l'ennemi.

Les sept brigades composant les grandes guérillas, dès le moment où l'ennemi sera arrivé sur le territoire français, à la hauteur de la frontière espagnole, réuniront toutes leurs cohortes et prendront leurs cantonnemens vis-à-vis de l'armée ennemie, dont elles suivront tous les mouvemens; mais les brigades de guérillas attachées aux différentes armées resteront stationnaires sur l'extrême frontière, où elles formeront l'avant-garde des armées.

Les brigades de la ligne, et les autres troupes formant l'armée de Catalogne, seront cantonnées depuis Vique jusqu'à Solsona, aussitôt que l'armée d'invasion sera arrivée sur les frontières de France. Le quartier-général de cette armée sera à Collent en avant de Manresa. C'est de ces cantonnemens que l'armée s'avancera vers la frontière, à mesure que l'ennemi s'en approchera. La seconde des grandes positions que l'armée doit prendre s'étendra depuis Gérone jusqu'à Ripoll. Le quartier-général étant à Castelfollit, des travaux de défense doivent y être faits, ainsi que dans la première de ces lignes, des retranchemens et des fortifications doivent y être tracés et tout préparés, afin qu'en cas de retraite on puisse y soutenir l'attaque de l'ennemi. Enfin, de cette dernière position, l'armée s'avancera sur la frontière, de manière à s'y trouver quatre à cinq jours avant l'apparition de l'ennemi.

Les sept brigades des grandes guérillas s'avanceront en même temps sur la frontière, depuis la Cerdagne jusqu'au pays d'Aran, pour s'y placer en observation, et les guérillas de l'armée de l'Est, qui étaient disséminées sur cette partie de la frontière de la Catalogne, se réuniront à celles placées sur l'autre partie de cette frontière, d'où elles s'étendront de nouveau sur la première, si les grandes guérillas s'en éloignent, pour suivre la marche de l'ennemi.

Les six bataillons de grenadiers nationaux non embrigadés dans cette armée seront garrisonnés dans les villes suivantes, dont la conservation sera confiée à leur honneur: Roses, Figuières, Campredon, Ribas, Belver et Urgel.

L'armée d'Aragon sera cantonnée depuis Barbastro jusqu'à Huesca, à l'arrivée de l'ennemi en France. Le quartier-général de cette armée sera à Aldaguesa, un peu en avant et à égale distance de ces deux places. La seconde ligne de cette armée s'étendra depuis Terraza jusqu'à Fiscal, et enfin, sa troisième position, celle de la frontière, lorsque l'ennemi s'en approchera, sera depuis Venasques jusqu'à Fanlo.

Dans toutes ces positions on tracera des lignes, des retranchemens, et on élevera des fortifications sur tous les points susceptibles de défense.

Les six bataillons de grenadiers nationaux non embrigadés seront garrisonnés dans les villes suivantes : Venasques, Gistan, Vio, Fanlo, Sallent et Canfrane.

Les deux brigades des grandes guérillas se reploieront dans le pays d'Aran, en attendant les ordres de leur général en chef.

Les premiers cantonnemens de l'armée de l'Ouest seront sur l'Ebre, depuis Tudela jusqu'à Logrono; le quartier-général à Andosilla. Le temps qui s'écoulera depuis l'arrivée de l'ennemi sur le territoire français, jusqu'à son apparition sur la frontière espagnole, doit être employé à fortifier cette ligne de l'Ebre, si susceptible d'une belle défense. Ce n'est que lorsque l'ennemi aura montré, par ses dispositions et sa marche, le dessein de porter des forces considérables dans la Navarre, que l'armée de l'Ouest s'avancera pour prendre sa seconde position, depuis Sanguessa jusqu'à Pampelune, et enfin lorsque l'armée d'invasion aura indiqué sûrement ses desseins, l'armée prendra ses dernières positions depuis Pampelune jusqu'à Vittoria.

Les mouvemens de cette armée, qui se feront de droite à gauche, dans le cas où la principale attaque se ferait sur la Navarre et la Biscaye, se feront dans le sens contraire, si l'ennemi dirige ses plus grands efforts sur l'Aragon et la Catagne. Une partie de cette armée se réunirait à l'armée d'Aragon, si l'Aragon est le principal théâtre de la guerre, ou remplacerait à cette armée les forces qu'elle aura été forcée d'envoyer au secours de la Catalogne, si cette province était le but principal de l'invasion. Les bataillons de grenadiers nationaux seront placés dans les villes importantes ou forts dans les provinces, le long de l'Océan, depuis Saint-Sébastien jusqu'à Léon.

L'armée de réserve sera établie d'abord sur

les frontières de la Catalogne et de l'Aragon, et aura son quartier-général à Lerida; et, de la même manière que les grandes guérillas suivront les mouvemens du corps principal de l'ennemi, marchant parallèlement sur la frontière de l'intérieur et sur le front des divers corps d'armée espagnols, de même la réserve se portera toujours en arrière de l'armée qui devra supporter l'attaque principale, restant à Lerida si c'est l'armée de Catalogne, se portant à Saragosse si c'est l'armée d'Aragon, et enfin marchant vers Osma et Ségovie, si le fort de la guerre éclate en Navarre ou en Biscaye, ou même se portant en avant suivant l'urgence des cas.

Il m'est impossible d'entrer dans plus de détails sur cette partie de ce plan militaire. Il embrasse, comme on le voit, un vaste système d'opérations qui se lient les unes aux autres, qui doivent s'appuyer mutuellement, qui dépendent, à la vérité, du système d'attaque qu'adoptera l'ennemi, mais qui peuvent et doivent toujours conserver leur ensemble. C'est à l'intelligence des généraux espagnols et surtout de l'état-major-général des armées à en diriger l'exécution. Cette guerre sera, s'ils le veulent, le sublime de l'art. Le choix des généraux est d'une importance extrême. Ce ne sont pas seulement] des hommes sur la fixité des principes, sur la fidélité aux sermens, desquels on puisse compter, que demandent les circonstances actuelles ; mais encore des hommes d'un grand courage, d'un grand talent et d'une grande expérience militaire. Malheureusement l'art de faire mouvoir les grandes masses d'hommes armés, de combiner ensemble et de ramener à un même but les mouvemens de ces grandes masses, n'est pas bien connu en Espagne qui compte peu de bons généraux. Le géneral Mina a sa place marquée à la tête des guérillas ; mais après lui il ne reste guère que Ballesteros, comme général.

On peut suppléer à ce défaut, que cette guerre corrigera bientôt, parce qu'elle formera de bons capitaines, par l'organisation d'un bon état-major-général et en plaçant auprès des généraux de bons états-majors-d'armée. Les Espagnols me pardonneront ces vérités qui ne peuvent blesser que la vanité : ils chercheront chez les étrangers ce qui leur manque. Ils introduiront dans leurs états-majors des officiers généraux anglais, et surtout français. Ces derniers particulièrement entendent bien la stratégie, qu'ils ont pratiquée trop bien et trop long-temps pour le bonheur du monde. Beaucoup d'entre eux s'empresseront de reprendre leurs épées pour la cause qui les a rendus ce qu'ils sont, et de réparer autant qu'ils le pourront le mal que jadis ils ont fait à l'Espagne.

TROISIÈME SECTION.

TRAVAUX PRÉPARATOIRES DE LA DÉFENSIVE.

C'est d'abord en fermant les Pyrénées, ou du moins en en hérissant le passage de tant d'obstacles qu'on puisse le défendre pied à pied, qu'on peut garantir l'Espagne de l'oppression dont la menace la Sainte-Alliance, et assurer dans la péninsule espagnole le règne de la liberté constitutionnelle. Cette opération première exige le plan le plus méthodique, les efforts les mieux concertés et les plus constans, dirigés par l'examen le plus réfléchi de la nature du pays. Cet examen est l'objet de cette section dans laquelle j'ai cru devoir indiquer les routes et passages grands et petits qui ouvrent la communication entre l'Espagne et la France.

Il y a en Catalogne une grande route et douze passages à fermer; en Aragon, une grande route et vingt-cinq passages; en Navarre, trois grandes routes et six passages : en tout, cette frontière est pénétrable par cinq grandes routes et quarante-trois débouchés, sur une étendue de plus de quatre-vingts lieues. Aussitôt que les guérillas seront arrivées sur la frontière, les diverses cohortes de chacune des brigades s'occuperont sans délai, et sous la direction des officiers du génie, à détruire et rendre impraticables toutes ces routes et passages, depuis la frontière jusqu'aux villes où elles conduisent dans l'intérieur, à la distance d'au moins dix lieues de cette frontière, de manière que la cavalerie ennemie et surtout l'artillerie ne puissent s'y aventurer. Le grand nombre des ruisseaux et des rivières qui, coulant des Pyrénées, arrosent ces provinces frontières, rendront ce travail facile et complet. On n'aura qu'à couper tous les chemins en canaux sinueux, et y amener par des saignées toutes les eaux des rivières. Cette opération, à laquelle non-seulement les guérillas, mais encore le reste de l'armée contribuera, ne demandera pas beaucoup de temps, et sera terminée avant que l'ennemi ait traversé les départemens du midi de la France pour arriver aux Pyrénées.

Les ingénieurs géographes attachés à chacune des brigades inspecteront ces travaux, les concerteront avec les officiers du génie, traceront les cartes des cantonnemens de chaque cohorte dans leur état naturel, et ensuite avec les travaux qu'on y aura exécûtés. Ces cartes, faites sur une grande échelle et en double, seront envoyées, l'une au général en chef des guérillas, l'autre au général commandant l'armée où ces travaux auront été faits. Les ingénieurs géographes attachés à l'état-major de l'armée et à l'état-major des guérillas feront de nouvelles copies de ces cartes, dont une sera envoyée au grand état-major général, une au général en chef des armées réunies (car quoiqu'il y ait trois armées, je pense qu'il doit y avoir un général en chef, pour que tout soit dirigé vers un même but), et les autres copies seront conservées pour être remises aux brigades qu'on devrait faire agir dans ces pays, afin d'éclairer et diriger leur marche et leurs évolutions.

La route principale qui pénètre la frontière de la Catalogne est celle qui, après avoir été de Perpignan jusqu'à Mont-Louis, va de là à Llivia, Puycerda et Belver. Cette route a plusieurs embranchemens. L'un conduit de Mont-Louis directement à Ribas, et un autre plus sinueux va de Puycerda au même lieu de Ribas, d'où une seule route conduit à Ripoll, Vique et Barcelonne. Ces routes doivent être rendues absolument impassables depuis l'extrême frontière jusqu'à Orgagna pour la première, et Ripoll pour les autres. Les routes inférieures ou passes, en commençant par l'extrémité, sont celles de Cervera à Roses ; de Cervera à Peralada et Figuières ; de Bellegarde à Figuières par la Junquera ; de Sarrelongue à Carbonils et ensuite de Carbonils à Figuières d'un côté, et Campredon de l'autre ; de Pratz-de-Mollo à Campredon ; du fort de la Garde à Campredon, et de là à Ripoll ; d'Ax à Urgel, l'une par Belver, l'autre par Andorra ; de Forjadet à Andorra ; de Tarragone à Pobla, route très-importante ; de Monjarri à Pobla et à Viella ; de Saint-Beat à Viella ; enfin, tous les embranchemens de ces routes en ligne verticale vers l'intérieur.

La destruction complète de toutes ces routes doit empêcher l'ennemi de s'avancer en forces et avec la rapidité qui seule faciliterait ses succès. Cette destruction sera aidée par les eaux d'un grand nombre de rivières, et en particulier de la Fluvia, du Ter et de la Noguera.

Les seuls chemins qu'on laissera subsister seront ceux dont la direction est parallèle avec la frontière, pourvu qu'ils n'en soient pas trop rapprochés, parce que ces chemins seront nécessaires à la marche des grandes guérillas qui suivront, dans l'intérieur, la marche des ennemis à l'extérieur de la frontière. Les officiers du génie indiqueront aux ingénieurs géographes, afin de les faire marquer sur les cartes, tous les lieux favorables à des embuscades, à des défenses obstinées et susceptibles de devenir, avec peu ou point de travail, des postes forts où l'on puisse arrêter l'ennemi, en spécifiant dans les rapports joints à ces cartes le nombre d'hommes nécessaires pour les tenir. Il est indispensable que ces officiers soient instruits et expérimentés; et, s'il est possible, on doit les prendre, ou du moins les principaux d'entre eux, parmi les anciens officiers français sortis de l'École polytechnique, qui doivent avoir besoin de battre les Russes et les Autrichiens.

Si, par suite des premiers événemens de la guerre, l'armée espagnole était forcée de faire sa retraite, elle doit continuer la dégradation des chemins sur ses derrières, la démolition de tous les ponts sur toutes les rivières, afin d'entraver l'ennemi par tous les moyens possibles.

La frontière de l'Aragon a une route d'autant plus importante à détruire, qu'elle va presque perpendiculairement de Canfrane, à l'extrême frontière, jusqu'à Saragosse. Je ne crois point devoir indiquer toutes les autres routes ou passages. On fera en Aragon la même chose qu'on a indiquée pour la Catalogne.

L'armée de l'Ouest aura à faire détruire absolument la première grande route, la plus importante, celle depuis la Bidassoa à Irun, Ernani, Tolosa, Villafranca, Segura, jusqu'aux monts Aralar. Les routes d'Irun à Goyzueta, d'Irun à Bera et Echalar, et toutes les passes plus ou moins sinueuses qui de Saint-Jean-Pied-de-Port conduisent à Pampelune, doivent être absolument détruites, ainsi que celle d'Oxagabia à Sanguessa dans toute sa longueur. On se servira avec avantage pour cela des eaux de la Bidassoa, de l'Iraci, du Salazar et autres rivières. On ne laissera subsister que la route, parallèle à la frontière, de Sanguesa à Pampelune, et de Pampelune à Salvatierra.

Les ingénieurs géographes feront, pour cette armée et pour celle du centre, les mêmes travaux que j'ai indiqués en parlant de l'armée de Catalogne, de manière que chaque brigadier général des guérillas ait une carte générale et très-exacte de toute la frontière, sur une profondeur d'au moins vingt lieues; et, si les trois armées devaient se retirer, ces cartes comprendraient tout le pays entre les positions qu'auraient prises ces armées et la frontière.

Vittoria est un point important que l'on devra fortifier de manière à la rendre imprenable, ou du moins à forcer l'ennemi à l'attaquer avec des forces considérables et à y consumer beaucoup de temps. Tous les travaux dont j'ai parlé doivent avoir pour résultat de retarder l'ennemi, d'empêcher le transport de son artillerie, de le priver par conséquent d'une partie de ses forces, de gagner du temps. Les chaleurs du climat seront ensuite les auxiliaires des Espagnols, et les troupes autrichiennes et russes éprouveront en Espagne le sort des armées de Bonaparte en Russie.

TROISIÈME SECTION.

DES OPÉRATIONS MILITAIRES.

L'armée espagnole ne peut pas, dans la guerre présente, agir offensivement, c'est-à-dire à l'extérieur de sa frontière, parce que la France, malgré le passage qu'elle aura accordé, protestera de sa neutralité, et qu'il ne faut pas la forcer à prendre autrement part aux hostilités. C'est donc dans l'intérieur de leur pays que les Espagnols devront faire la guerre; et, par conséquent, leur système doit être celui de la défensive.

Comme j'ignore encore comment et de quel côté on attaquera, je ne puis que supposer des cas et offrir mes réflexions sur chacune de ces suppositions, en commençant d'abord par offrir les réflexions générales qui doivent s'appliquer à tous les cas.

Les Espagnols doivent éviter les batailles rangées. Le système à adopter est celui des positions qu'on défendra autant qu'on le pourra, sans courir le risque des actions générales. Ce système est le mieux adapté au caractère espagnol et à la nature du pays.

Les armées, plutôt que de s'exposer à une action générale, doivent se retirer et, dans leur retraite, emmener tous les grains, bestiaux, et la population qui pourra suivre cette retraite. Mettre un désert entre soi et son ennemi est une méthode dont la Russie elle-même a montré les avantages, et dont il est juste que l'injustice de son gouvernement éprouve à son tour les inconvéniens.

Ces bestiaux, ces vivres seront placés dans les villes ou forts susceptibles de défense que l'on fortifiera et dans lesquels, en opérant sa retraite, le général en chef de l'armée placera une garnison suffisante qu'il prendra toujours parmi les grenadiers nationaux, les bataillons de ligne devant toujours garder la campagne.

Dans ces retraites à faire, il ne faut jamais que l'armée marche perpendiculairement, mais verticalement et en zig-zag. Comme l'armée n'attendra pas pour faire sa retraite qu'elle soit forcée par l'ennemi, elle sera toujours à même d'agir à peu près suivant ses désirs.

Enfin, les trois armées, en les supposant attaquées à la fois ou séparément, doivent opérer leurs retraites, en n'opposant que des corps peu nombreux aux corps avancés de l'ennemi. Ce n'est qu'à une certaine distance de la frontière que le système de défensive et de retraite doit recevoir des modifications, ou même être changé entièrement et abandonné, pour être remplacé par des opérations offensives, suivant la force et la conduite de l'ennemi. Par exemple :

§ I. *Opérations militaires en Catalogne.*

Quand l'armée ennemie arrivera sur la frontière d'Espagne par la Catalogne, toutes les cohortes de guérillas attachées à cette armée, quelle que soit la force des envahisseurs, se réuniront en brigades. Chacune de ces brigades sera placée en embuscade, auprès des passes ou des routes détruites, par lesquelles l'ennemi tenterait de pénétrer. Ces brigades auront l'ordre de repousser les corps avancés de l'ennemi, tant que ces corps ne seront pas appuyés par le corps principal de l'armée. Pendant ce temps, le corps principal de l'armée de Catalogne sera cantonné depuis Figuières jusqu'à Campredon, et la réserve de cette armée, qui sera de deux brigades de ligne et de la moitié du parc d'artillerie, sera cantonnée de Ripoll jusqu'à Baga.

Lorsque l'ennemi en force aura contraint les guérillas à se replier, la brigade qui occupait la partie de la frontière depuis Cervera jusqu'à Pratz-de-Mollo, abandonnera toute cette frontière pour se porter, en seconde ligne de la seconde brigade, dans les montagnes de la Cerdagne. Roses, Peralada, Figuières, Campredon, Ribas, Belver et Urgel étant garrisonnées chacune par un bataillon et munies de vivres et de provisions, si l'ennemi pénètre avec des forces considérables, l'armée se retirera sur sa seconde ligne de Gérone à Ripoll, et la réserve à Solsona; et on attendra les mouvemens de l'ennemi.

S'il continue sa marche en avant et présente des forces supérieures qui rendent difficile la défense de cette seconde ligne, on n'y restera que le temps nécessaire pour faire croire à l'intention de cette défense, et on se retirera sur la troisième ligne de Vique à Solsona, après avoir garrisonné d'un bataillon de grenadiers nationaux, chacune des places suivantes, qu'on aura pourvues, pendant la retraite, de provisions et de munitions : Carruella, à l'embouchure du

Ter, Gérone et Sot; la réserve de cette armée se joindra alors au corps principal, après avoir laissé un bataillon de grenadiers nationaux pour la défense de Ripoll. Enfin, si l'ennemi persiste à avancer, et que la défense de cette troisième ligne soit impossible au faible reste de cette armée épuisée en garnisons, le général qui la commandera laissera à Solsona le dernier de ses bataillons de grenadiers nationaux; placera à Vique et à Manreza un bataillon d'infanterie de ligne avec son complément, et avec le reste de l'armée s'enfermera à Barcelonne.

Il est évident que l'armée de Catalogne ne peut être forcée à suivre ce plan de défense, qu'autant que l'ennemi y pousserait des forces considérables; car ce n'est que dans ce cas qu'il pourrait éviter des siéges, parce qu'il ne pourrait laisser derrière lui toutes les places fortifiées en avant de la seconde et de la troisième ligne, sans y laisser des troupes plus nombreuses, pour en faire le blocus; ce qui devra occuper au moins 30,000 hommes, sans compter les forces qu'il sera obligé d'employer au blocus de Barcelonne, dont la garnison, après que le général en chef de l'armée s'y sera retiré, montera à plus de 7,000 hommes de l'armée de ligne.

Ainsi, l'armée d'invasion sera dispersée en petits corps de blocus de 2 à 3,000 hommes autour d'une quinzaine de places, et le reste de cette armée ou du moins 20,000 hommes seront arrêtés devant Barcelonne. Il ne restera plus, il est vrai, d'armée espagnole de la Catalogne, mais les trois brigades de guérillas qui seront restées en campagne et qui, au lieu de suivre le mouvement de retraite de l'armée, se seront enfoncées dans les montagnes de l'extrême frontière, commenceront alors les opérations pour lesquelles elles sont instituées. A travers ces montagnes impraticables à l'ennemi, elles se glisseront en cohortes; et, réunies soudainement en brigades auprès des places bloquées, elles attaqueront, les uns après les autres, les corps ennemis qui y seront stationnés, couperont leurs communications, saisiront les convois, et disparaissant avec la même rapidité, se porteront sur d'autres points éloignés où, à l'improviste, elles renouvelleront les mêmes attaques.

Pour paralyser ces trois brigades de guérillas montant ensemble à 11,079 hommes, dont on ne connaît la marche que quand elles se montrent soudainement, l'ennemi serait obligé d'employer environ 20,000 hommes, dont une partie

serait occupée à garder les défilés, et l'autr
irait affronter mille dangers, en poursuivant, et
certainement en vain, dans des lieux inconnus,
un ennemi qui les égarerait et les détruirait
facilement; mais, en supposant même que l'armée d'invasion de la Catalogne réussît ainsi à
paralyser ces guérillas, elle serait forcée d'employer 70,000 hommes dans cette province, ce
qui formera nécessairement près de la moitié de
toute l'armée alliée. Dès lors les autres armées
de défense, celles du Centre et de l'Ouest, n'ayant
pas à craindre des forces supérieures aux leurs,
pourront envoyer en Catalogne un nouveau
corps d'armée de quatre brigades d'infanterie
de ligne, et le général en chef des grandes guérillas saura bien, en outre, tromper les mesures
de l'ennemi et lui faire payer cher sa coupable
invasion.

L'ennemi, pour prévenir ces embarras qu'il
devra nécessairement prévoir, suivra-t-il un
autre système? N'avancera-t-il qu'avec prudence? Se décidera-t il à ne laisser derrière lui
aucune place au pouvoir des troupes espagnoles? Il entreprendra donc des siéges; mais
les chemins, s'ils ont été bien détruits, rendront
impossible le transport de l'artillerie de siége;

mais ces siéges devront être entrepris en présence de l'armée espagnole, opération toujours très-dangereuse. Livrera-t-on des batailles pour se débarrasser de ces témoins inquiétans? Faudra-t-il que les Espagnols acceptent? Leur intérêt, et le devoir du général est de les refuser et de se retirer pour se rapprocher ensuite, quand l'ennemi retourne à son siége. Enfin chacun de ces siéges forcera l'ennemi à partager son armée en trois corps : celui du siége, celui d'observation contre l'armée espagnole, et celui d'observation contre les guérillas. Avant d'arriver à Barcelonne, il y aura vingt de ces siéges à faire. En supposant qu'ils durent huit jours chacun, ce qui est bien peu, la Sainte-Alliance mourra avant que la guerre soit à moitié de son cours.

L'ennemi sera forcé d'affaiblir son armée par les garnisons des places qu'il aura prises tant pour s'assurer de ces places que pour établir sa communication avec la frontière, places et communications constamment menacées par les guérillas. L'armée d'invasion de la Catalogne, si elle était de 70 mille hommes en entrant en campagne, n'aurait pas 35 mille hommes pour assiéger Barcelonne défendue par une nombreuse garnison, en présence de la réserve de l'armée montant à 12 mille hommes qui, de Lerida, s'avanceraient au secours de la place; et, environnée par au moins 20 mille guérillas qui, revenant sur ses derrières, d'accord avec les habitans, reprendraient les villes, en égorgeraient les garnisons et forceraient les assiégeans à rétrograder continuellement et à se ruiner en marches, en contre-marches et en petits combats, qui, tôt ou tard, sauvent un pays envahi.

Plus je considère toute la frontière des Pyrénées et les quatre provinces qu'elle ferme, et plus je suis convaincu de la facilité d'anéantir l'ennemi qui oserait y pénétrer. Un peuple rempli de patriotisme et d'amour de la liberté doit y être invincible. Un général consommé peut y trouver, dans la nature du pays et dans les ressources de son génie, tout ce qui peut faire de la campagne qu'il dirigerait le sublime de l'art de la guerre. La Catalogne seule est un gouffre où il engloutirait facilement les armées les plus formidables, si on y faisait l'attaque principale; mais quand on réfléchit que cette province est trop éloignée du centre de l'Espagne pour que sa soumission à l'ennemi soit décisive en rien, et que le but de l'ennemi doit être de s'emparer de la capitale, parce qu'il s'imagine follement qu'aussitôt qu'il y sera tout sera fini, on ne peut pas croire que l'ennemi y fasse autre chose qu'une invasion collatérale avec celles de l'Aragon, de la Navarre et de la Biscaye. Peut-être il rêve là possibilité de faire traverser cette province par une armée, depuis Puycerda jusqu'à Mequinenza, et opérer ensuite la jonction de ce corps d'armée avec l'armée d'Aragon. Ce projet à la Bonaparte est au dessus de la portée des généraux de la Sainte-Alliance, et même, quelque talent qu'on apporte à son exécution, il ne réussirait pas en Espagne. On ne peut entrer en Catalogne que pour s'y battre, sans avancer au-delà, et peut-être arriver à un certain point sans pouvoir reculer. L'ennemi se conduirait avec plus de prudence, en n'entrant dans cette province qu'avec 40 mille hommes, pour occuper l'armée qui lui serait opposée; mais cette prudence n'est pas encore sans danger; et quelque plan qu'il adopte pour les opérations de cette armée, le moindre mal qui puisse lui arriver, c'est de s'en aller réduit de moitié.

§ II. *Opérations militaires en Aragon.*

Les opérations militaires dans cette province sont nécessairement subordonnées, ainsi que celles de l'armée de l'Ouest, aux opérations de l'ennemi en Catalogne. Si l'invasion principale se faisait dans cette province, l'armée d'Aragon se partagerait sur-le-champ en deux parties à peu près égales, dont l'une resterait dans ses seconds cantonnemens et dont l'autre, composée de quatre brigades de ligne, des régimens de hussards, de lanciers, de dragons et celui d'artillerie à cheval, formant un total de 12 à 13,000 hommes, marcherait sur Pobla, comme se dirigeant sur l'Andorre, d'où, suivant les circonstances, elle reviendrait sur Solsona pour renforcer l'armée principale de la Catalogne, ou bien jusqu'à Manreza, où l'armée de réserve viendrait se réunir, ce qui fortifierait l'armée de Catalogne de 24 à 25 mille hommes, outre les grandes guérillas qui se réuniraient dans cette province et dont le quartier-général s'établirait à Urgel. Si l'attaque de la Catalogne, quoique plus importante qu'on ne le présumait, ne demandait pas, pour cette province, un accroissement de forces aussi considérable, les secours à lui envoyer seront déterminés, suivant les circonstances, par le général en chef des trois armées, dont le quartier-général sera établi provisoirement, à l'ouverture de la campagne, à Solsona.

Si l'invasion de la Catalogne est telle que l'armée de l'Est soit suffisante pour la défense de la province, l'armée d'Aragon prendra, dès l'approche de l'ennemi, ses positions sur la frontière et suivra le système indiqué pour la défense de la Catalogne.

L'armée, en se retirant devant l'ennemi, laissera à Jaca deux bataillons de grenadiers nationaux. En abandonnant sa seconde ligne, elle laissera deux bataillons, l'un à Fiscal, l'autre à Terraza, et si elle est forcée d'abandonner ses positions primitives, elle mettra deux bataillons nationaux à Huesca, deux à Barbastro. On ordonnera au général de l'armée de réserve de placer un bataillon de grenadiers nationaux à Balaguer et deux à Lerida; avec le reste de ses troupes il se retirera à Mequinenza pour agir suivant les ordres du général en chef des armées.

En quittant sa dernière ligne, le général de l'armée d'Aragon se retirera vers Saragosse pour couvrir cette place importante. L'Ebre deviendra alors sa ligne de défense; là, s'il le faut absolument, on peut risquer une bataille, c'est-à-dire soutenir l'attaque dans ses retranchemens, mais après s'être concerté avec le général des grandes guérillas, qui doit constamment avoir deux brigades sur chaque flanc de l'ennemi et être prêt à appuyer la défense de l'Ebre. Ces quatre brigades de guérillas seront celles qui, dans la distribution des forces militaires, ont été attachées à cette armée. Les grandes guérillas alors devront toujours se trouver entre l'ennemi et la frontière.

Si l'ennemi fait en Aragon sa principale invasion, l'armée de l'Ouest, dont les forces sont plus considérables, se partagera sur-le-champ en deux corps, dont l'un composé de cinq brigades de ligne, un régiment de cuirassiers, un de dragons, un de lanciers, un demi-bataillon d'artillerie à pied et un régiment d'artillerie à cheval, se portera sur Jaca. Ce corps d'armée, fort de 16 mille hommes, fera partie de l'armée d'Aragon qui, avec la réserve qu'on transportera de Lerida à Saragosse, montera à 74 ou 75 mille hommes, sans compter les sept brigades des grandes guérillas, qui porteront cette armée à 100 mille hommes.

Avec des forces aussi considérables, et la précaution de détruire toutes les routes, on peut facilement arrêter un ennemi même bien supérieur en nombre. Mais quand même il n'aurait pas cette supériorité, les généraux espagnols doivent se bien garder de livrer des batailles générales et de s'exposer en plaine. Ils doivent sentir qu'une bataille perdue pourrait avoir les plus funestes conséquences, et que par conséquent le seul système à suivre, c'est de prendre des positions, de manœuvrer constamment autour de l'ennemi sans lui donner la facilité d'attaquer, sans même l'attaquer sérieusement. C'est aux grandes guérillas à lui livrer des combats, à le détruire en détail; l'armée ne devra combattre qu'à coup sûr et dans des positions fortifiées.

Le but de l'ennemi, en entrant en Aragon avec des forces considérables, sera sans doute de s'emparer de Saragosse et de se rendre maître du cours de l'Ebre dans la province. C'est ce que tous les efforts de l'armée espagnole doivent empêcher. En Aragon, comme en Catalogne, toutes les places fortes étant bien garrisonnées et approvisionnées, les envahisseurs devront s'arrêter pour faire des siéges, ayant en tête une armée formidable, sur les flancs et en queue 25,000 hommes des grandes guérillas, opérations toujours bien dangereuses, et qui, en prolongeant la guerre, contrarieront les desseins et les espérances de l'ennemi; ou bien ils laisseront devant ces places des corps de blocus, et affaiblis par ces détachemens nombreux, ils arriveront devant Saragosse avec des forces peu nombreuses et insuffisantes pour exécuter leurs desseins, si les généraux espagnols ont profité de tous les avantages du pays. Les guérillas détruiront, un à un, tous les corps de blocus. Le corps principal de l'ennemi s'affaiblira en nouveaux détachemens qui éprouveront le même sort, et enfin, il sera obligé de rétrograder lui-même à travers un pays ennemi et environné de troupes nombreuses qui trouveront le moyen de changer cette retraite en déroute.

La partie de l'armée de l'Ouest qui aura été attachée à l'armée d'Aragon, et qui se sera portée d'abord à Jaca, suivra les mouvemens de cette armée dans le cas où elle se retirerait devant l'ennemi, mais de manière à déborder l'ennemi et à pouvoir arrêter son passage de l'Aragon dans la Navarre. Il serait même avantageux que le général de cette armée offrît à l'ennemi des occasions de chercher à le séparer du corps d'armée d'Aragon et parvînt à s'en faire suivre. Car si on réussit à engager l'ennemi à partager ses forces, il serait facile de le détruire. Je recommande particulièrement d'en méditer les moyens : c'est un des grands principes de l'art de la guerre.

La seule route qui conduise directement à Saragosse est celle de Jaca à Murillo et de Murillo à Saragosse le long du Gallego. Il est important de la détruire dès que l'on pourra prévoir que l'ennemi a l'intention de la suivre. Cette destruction est d'autant plus nécessaire que, dans les 20 à 25 lieues de plaines que parcourt cette route, il n'y a point une seule place qui puisse être défendue et arrêter l'ennemi. Les eaux abondantes de la rivière faciliteront cette destruction.

Si la retraite de l'armée d'Aragon la conduit jusqu'à l'Ebre, les brigades de l'armée de l'Ouest, réunies à l'armée d'Aragon, prendront leurs cantonnemens depuis Tudela jusqu'à Alagon sur la rive droite du fleuve; l'armée de réserve sera chargée de la défense de Saragosse et du passage du fleuve jusqu'à Alagon, et deviendra le deuxième corps de l'armée d'Aragon. Une moitié de cette armée d'Aragon, telle que je l'ai organisée d'abord, défendra la ligne de l'Ebre de Saragosse à Quinto, garrisonnera les places de Fuentes et Quinto, et sera le troisième corps. L'autre moitié sera cantonnée depuis Quinto, après avoir laissé une bonne garnison à Méquinenza, sur la droite du fleuve, jusqu'à la hauteur de cette ville.

Les quatre brigades de guérillas de l'armée d'Aragon resteront sur la rive gauche du fleuve et sur les flancs de l'armée ennemie, pour en observer les mouvemens, les inquiéter, en donner avis au général en chef et au général des grandes guérillas qui, pendant que l'armée d'invasion menacera de passer l'Èbre par force, réunira ses brigades en deux, trois ou quatre corps et ira attaquer les troupes laissées pour le blocus des villes, celles placées en échelons pour les communications, les convois, etc., etc. Ces manœuvres hardies et bien combinées entre tous les généraux espagnols, forceront l'ennemi à se retirer honteusement avec rapidité et avec perte.

Si l'ennemi réussit à forcer le passage de l'Èbre entre les places fortes qu'on aura garrisonnées, et qu'il se contente de laisser des corps d'observation autour de ces places, pour continuer sa marche en avant, les deux corps de droite et de gauche, au lieu de continuer leur retraite dans l'intérieur, passeront sur la rive droite de l'Èbre : le premier, longeant la Cinca, se reportera sur les derrières de l'ennemi vers Barbastro, et le forcera à détacher plusieurs divisions pour le suivre, le combattre ou l'observer. Ce mouvement, ainsi que celui de la gauche, doit être concerté avec le général des grandes guérillas qui, réunissant quelques brigades, viendra fondre tout à coup sur l'ennemi. Le mouvement de la gauche s'exécutera en longeant les montagnes qui séparent l'Aragon de la Navarre. On obligera ainsi l'ennemi à partager ses forces et conséquemment à affaiblir et ralentir sa marche progressive. Les deux autres corps de l'armée, avec les quatre brigades de guérillas de l'armée d'Aragon, se retireraient en bon ordre vers les montagnes qui bordent, au nord, la Nouvelle-Castille depuis Molina jusqu'à Paredos, après avoir laissé une bonne garnison à Calatayud.

L'armée de Navarre opérerait, dans ce cas, de manière à menacer, de concert avec les corps de droite et de gauche, les derrières de l'ennemi. Une partie de cette armée se porterait sur Tarazone et, longeant les flancs des envahisseurs, descendrait de là vers Soria et Osma. L'ennemi serait ainsi forcé à détacher contre ce corps une nouvelle partie de ses forces, et plus il les partagera, plus il sera facile de le vaincre.

Mais je ne pense pas que l'attaque principale de la Sainte-Alliance soit dirigée sur l'Aragon ni sur la Catalogne. Il sera plus avantageux à ces alliés de longer par l'intérieur d'un pays allié, de la France, toute la ligne des Pyrénées, sans rencontrer aucun péril, et se rapprocher ainsi de la capitale, que d'entrer par des points plus éloignés d'où ils ne pourraient avancer qu'au milieu des dangers. Je vais m'occuper de cette partie de l'invasion.

§ III. *Opérations militaires en Navarre et en Biscaye.*

Dans le cas où l'attaque principale se serait faite en Aragon, l'armée de l'Ouest aurait dû envoyer au secours de cette province une partie de ses forces, comme je l'ai dit dans le paragraphe précédent; mais, si l'attaque principale se fait par l'extrémité ouest de la frontière des Pyrénées, l'armée d'Aragon doit employer en garnisons tous les bataillons de grenadiers nationaux, laisser sur la frontière les quatre brigades de guérillas, être remplacée dans ses cantonnemens de Barbastro à Huesca par l'armée de réserve, et, forte de quinze à seize mille hommes, ira se placer en échelons depuis Oxagabia jusqu'à Sanguessa, d'où, en cas de retraite, elle prendra des positions en échelons sur la rive gauche de l'Aragon depuis Sanguessa jusqu'au confluent de cette rivière, qui formera une ligne de défense avec l'Èbre.

Le système d'invasion qui me paraît le plus probable et qui se présente naturellement pour la frontière ouest est sur deux points en deux grands corps d'armée, dont l'un marchera de Bayonne sur Irun et Ernani, l'autre de Saint-Jean-Pied-de-Port sur Roncevaux. Peut-être un troisième corps, mais bien moins considérable, sera dirigé, par suite des mouvemens de l'armée d'Aragon, de Mauléon sur Oxagabia. Le corps le plus considérable sera, sans aucun doute, celui qui pénétrera par la Biscaye, parce que des forces considérables devront être employées à garder, après avoir conquis, ou du moins à tenir dans l'inaction toute la population du littoral des provinces maritimes. La première chose dont on s'occupera, après la destruction complète des routes, c'est de garrisonner avec les dix bataillons nationaux non embrigadés de l'armée de l'Ouest toutes les places maritimes susceptibles de défense, à partir de Fontarabie jusqu'à Castropol, et les places de l'intérieur de la Biscaye, particulièrement Bilbao, Vittoria et Montragon.

Les quatre brigades des guérillas de l'armée de l'Ouest, au moment où ce plan d'invasion sera connu, seront remplacées dans leurs cantonnemens de l'extrême frontière par les brigades des grandes guérillas, et se retireront toutes sur la gauche de cette armée dans les montagnes qui coupent le centre de la Biscaye de l'est à l'ouest. La destination de ce corps, de près de 15,000 hommes, sera de surveiller et d'inquiéter celui que l'ennemi aura envoyé le long des côtes, de courir au secours des places assiégées, de surprendre les colonnes avancées ou détachées de l'ennemi, soit par l'un, soit par l'autre corps.

Le reste de l'armée se partagera en deux corps : le premier, composé de la moitié environ et formant la droite, placé dès l'ouverture de la campagne depuis Bera jusqu'à Fontarabie, tentera la défense de la Bidassoa et se retirera, après y avoir arrêté quelque temps l'ennemi, sur Ernani, Tolosa, Villa-Franca et Montragon. La défense des passes et chemins entre les montagnes, soit de Montragon à Villa-Réal et Vittoria, soit de Segura à Salvatierra, sera le second soin de cette partie de l'armée, qui, si elle est forcée de céder encore, doit se replier sur l'Ebre en trois colonnes, l'une de Vittoria sur Frias, la seconde de Vittoria sur Miranda, et la troisième de Salvatierra sur Viana et Logrono.

Le second corps d'armée, stationné de Roncevaux jusqu'à Almanda, se retirera devant l'ennemi si la défense de la Bidassoa n'a point eu de succès, ou, si l'ennemi débouche avec des forces supérieures, se dirigeant vers Pampelune, et de là, si l'ennemi avance, se partageant en deux corps, se portera sur l'Ebre et en défendra le passage depuis la droite de Logrono jusqu'au confluent de l'Ega, tandis que la partie de l'ancienne armée d'Aragon devenue la droite de l'armée de l'Ouest, suivant le cours de l'Aragon et passant sur la rive gauche du fleuve, en défendrait le passage depuis Calahorra jusqu'à Tudela. Je crois inutile de répéter davantage qu'en exécutant ces retraites, l'armée espagnole doit continuer la destruction des routes en ne laissant intactes que celles parallèles à la frontière, pour les opérations des guérillas, et garrisonner toutes les places susceptibles de défense.

Dès le commencement de l'invasion, trois brigades de grandes guérillas seront stationnées entre Bera et Almanda, trois autres entre Roncervaux et Oxagabia : la dernière, avec le général en chef des grandes guérillas, sera au quartier-général du second corps. Toutes ces brigades suivront le mouvement de retraite de l'armée espagnole; mais aussitôt que le second corps (le centre) abandonnera Pampelune pour se replier sur l'Èbre, le général en chef des grandes guérillas se séparera de l'armée, et commençant à agir séparément, se portera sur les flancs ou les derrières de l'ennemi, ou du moins préparera ses opérations de manière à se trouver toujours entre l'ennemi et la frontière.

Si la défense de l'Èbre est impossible, c'est-à-dire si l'ennemi effectue le passage du fleuve, les corps de l'armée espagnole qui se seront portés sur Frias et Miranda, se reploieront sur Burgos, et ensuite sur Palencia, Valladolid et le Duero. L'autre division de cette armée suivra ce mouvement, et par Najéra, Calzada, se rendra à Pesquera sur le Duero. Le corps d'armée stationné de Logrono jusqu'au confluent de l'Ega et de l'Èbre se portera sur le même fleuve du Duero entre Pennafiel et Aranda; enfin la droite de cette armée prendrait des positions entre Almazan et Osma. Dans toute cette retraite il y aura beaucoup de places à garrisonner, ce qui diminuera de beaucoup l'armée espagnole; mais comme l'ennemi ne pourrait forcer à cette retraite qu'en portant de ce côté l'immense majorité de ses forces, et en sacrifiant ses attaques en Aragon et en Catalogne, les armées de ces provinces pourront se borner à la défense des places, et laissant leurs guérillas pour courir le pays, venir renforcer l'armée de l'Ouest.

Enfin le mouvement de retraite de l'armée espagnole doit lui donner pour cantonnemens toute l'étendue du pays entre Ségovie et Médina-Celi, d'où, à l'approche de l'ennemi, elle entrera dans les montagnes de la Nouvelle-Castille, pour en défendre les passages, après en avoir détruit toutes les routes.

La prise de la capitale de l'Espagne sera sans doute le désir le plus ardent de l'ennemi, et il faut empêcher que cet événement n'ait lieu. Cependant je ne pense pas que les généraux espagnols doivent, même pour le prévenir, livrer une bataille dont le succès serait tant soit peu douteux. La conservation de la capitale est importante, mais la dernière guerre a montré, à la gloire de l'Espagne, que Madrid peut être au pouvoir de l'ennemi, sans que la guerre soit finie. Je ne crois pas cependant que l'ennemi réussisse à s'en emparer, si l'armée espagnole, organisée comme je l'ai proposé, est dirigée avec habileté dans le système défensif que j'ai exposé brièvement. Je ne continuerai pas cette exposition au-delà de la défensive des frontières de la Nouvelle-Castille. Il me paraît impossible que l'ennemi pénètre au-delà; et le cas échéant, je me ferai un devoir d'ajouter à mes observations.

Le résumé de ce que j'ai dit, c'est de rendre la marche de l'ennemi, sinon impraticable, du moins aussi difficile que possible par la destruction des chemins; de retarder encore cette marche, en laissant des garnisons dans toutes les places susceptibles de défense, de sorte que les envahisseurs soient forcés, ou de s'arrêter pour faire des siéges, ou de s'affaiblir constamment, si, ne faisant pas de siéges, ils sont obligés d'échelonner leur marche par des corps d'observation, soit autour des places, pour les bloquer, soit sur différens points de la route pour assurer les communications avec la frontière : plus l'armée alliée avancera et plus elle s'affaiblira, et plus ses embarras croîtront.

Quand l'armée espagnole, après avoir garrisonné toutes les places, se sera retirée devant l'ennemi sur les frontières de la Nouvelle-Castille, l'ennemi, éloigné de 80 lieues de la frontière, se trouverait en face de troupes nombreuses, environné de villes qu'il n'aura pu soumettre, et ayant en outre, derrière lui, toutes les guérillas, qu'il lui sera impossible d'atteindre. Ceci exige un article particulier pour le service de ces troupes.

QUATRIÈME SECTION.

OPÉRATIONS MILITAIRES DES GUÉRILLAS.

Les guérillas espagnoles organisées en cohortes et en brigades offrent deux grands avantages. Le premier, c'est que les cohortes, étant peu considérables, peuvent se mouvoir facilement, rapidement, et sans être aperçues, échapper à la poursuite de l'ennemi, et l'égarer dans des lieux inconnus. Le second, c'est que la rapidité de la marche de ces cohortes facilite leur réunion en brigades nombreuses, capables d'exécuter des attaques importantes, d'autant plus dangereuses pour l'ennemi qu'elles sont imprévues. C'est là le but de leur organisation ; on doit donc ne se pas écarter de ces principes:

1° Les guérillas marcheront constamment en cohortes séparées les unes des autres, de manière cependant que leur éloignement n'entrave pas leurs communications les unes avec les autres et surtout avec celle à laquelle sera attaché le brigadier-général, qui sera toujours au centre.

2° Les cohortes composant une brigade se réuniront tous les cinq jours, sur un même point, pour être revues par le brigadier-général. Les chefs de chacune des cohortes feront au brigadier-général le rapport des événemens et des travaux des jours précédens. Ces rapports réunis en un seul, et signés par ces chefs et le brigadier général, seront transmis au général de l'armée à laquelle ces guérillas appartiennent, à chacun des brigadiers-généraux des guérillas de la même armée, et au général en chef des grandes guérillas.

3° En se séparant, après chacune de ces revues, chaque cohorte recevra des instructions sur les mouvemens à opérer, sur le lieu de la réunion suivante, et, en cas d'attaque par des forces supérieures, le lieu sur lequel elles doivent faire leur retraite.

4° Le chef de chaque cohorte doit communiquer, jour par jour, et même plusieurs fois par jour, si les circonstances l'exigent, au brigadier-général, tout ce qu'il peut lui être important de connaître sur ses opérations ou sur les mouvemens de l'ennemi.

5° Si une expédition importante requérait la réunion de deux ou plusieurs brigades de guérillas, le brigadier qui aurait reconnu la nécessité ou l'avantage de cette expédition, communiquera son projet au général en chef de l'armée à laquelle il appartient ou au général en chef des grandes guérillas, si la distance ne s'y oppose pas, ou, si leur éloignement ne le lui permettait pas, au brigadier-général de la brigade la plus proche, en lui offrant, pour prix de son assentiment, le commandement de l'expédition. Mais, dans aucun cas, deux ou plusieurs brigades ne pourront être réunies en un seul corps plus de deux jours, à moins que par ordre du général en chef, qui alors donnera le commandement à un des brigadiers-généraux avec le grade de lieutenant-général, qu'il conservera avec le commandement de sa brigade.

Voilà, ce me semble, les réglemens indispensables pour la marche des guérillas ; je vais ajouter quelques détails sur leurs opérations pendant l'invasion.

Quand le travail de la destruction des routes aura été terminé sur la frontière, les guérillas, avec l'armée, s'opposeront aux travaux que l'ennemi entreprendra pour le rétablissement de ces routes. Si cette opposition qui, quelque infructueuse qu'on la suppose, doit arrêter l'ennemi quelque temps, ne l'empêche pas de pénétrer, les guérillas se retireront avec l'armée, en continuant dans la retraite le travail de destruction, et l'opposition au rétablissement que tenterait l'ennemi. Dans cette retraite des armées espagnoles, les guérillas de chacune de ces armées en formeront l'arrière-garde, et les grandes guérillas suivront le mouvement de l'armée contre laquelle se fera l'attaque principale.

Ce n'est que lorsque la retraite de l'armée espagnole aura permis à l'ennemi de pénétrer jusqu'à environ vingt lieues des frontières, que les guérillas abandonneront l'armée pour se porter sur les flancs de l'ennemi, à droite ou à gauche, sans cependant s'éloigner assez de cette armée pour ne pouvoir pas la secourir et combattre en plaine avec elle, si elle était attaquée de manière à ne pouvoir refuser le combat.

Plus l'ennemi avancera et plus les guérillas pourront s'éloigner de l'armée espagnole, suivant que l'exigera le plan qu'on adoptera. Si l'ennemi, éloigné de trente lieues des frontières, s'aperçoit que les brigades des guérillas longent ses flancs pour se porter sur ses derrières, il se hâtera de détacher à la poursuite de ces corps, qui pourraient surprendre ses convois et couper ses communications, un corps nombreux, soit pour les détruire, soit pour les environner : l'art des guérillas consiste à prolonger cette poursuite, à ne se retirer que lentement et à présenter aussi long-temps que possible à l'ennemi quelques masses et de faux moyens d'attaque, puis se disperser tout à coup, en ne lui montrant plus que quelques cohortes sur les extrémités les plus éloignées de l'armée, comme pour lui faire croire que les brigades se dirigent de ce côté, tandis que, par des marches rapides, elles reviennent sur leurs pas et se replacent entre le corps principal de l'armée ennemie et le corps qu'elle a détaché, ce qui l'oblige à prendre de nouvelles mesures que, par une nouvelle retraite, les guérillas sauront tromper encore.

La topographie de l'Espagne est tellement favorable à ce genre de guerre, qu'il me semble absolument impossible que l'ennemi puisse échapper aux dangers dont il est si facile de l'environner. Je suppose que l'armée espagnole se replie constamment, sans accepter aucune bataille, en ne soutenant que des combats partiels et dans des postes fortifiés, combats toujours désavantageux aux assaillans, et en abandonnant toujours ces postes lorsque ces assaillans reviennent à la charge avec des forces plus considérables; je suppose, dis-je, que cette armée soit forcée de se replyer en-deçà de Madrid, que le gouvernement aura quitté et qu'on aura muni d'une bonne garnison; l'armée ennemie sera forcée de faire le siége de cette place, après des pertes considérables, après avoir laissé, sur une surface de plus de 120 lieues de longueur, les deux tiers de ses troupes en faibles détachemens; ayant en tête une armée de ligne aguerrie depuis l'ouverture de la campagne, forte au moins de 30 à 40,000 hommes, et entre elle et la frontière, dix-huit brigades de guérillas qui, en supposant qu'elles aient perdu un cinquième de leurs soldats, monteraient encore à plus de 50,000 hommes; les unes placées sur l'extrême frontière, arrêtant les communications, les convois, les renforts; les autres, maîtresses des plaines de l'Aragon, de la Navarre et des Deux-Castilles, parcourant toutes ces provinces, détruisant les détachemens, délivrant les villes assiégées et menaçant constamment la grande armée ennemie de l'ensevelir au centre de l'Espagne par une attaque bien combinée. Telle serait la conséquence de cette grande invasion. Si au lieu d'avancer au centre de l'empire, les envahisseurs ne veulent marcher qu'après avoir tout soumis derrière eux, ou il leur faut 3 à 400,000 hommes, ou ils ne pourraient avec 200,000 hommes arriver sur l'Èbre avant un an. Alors la Sainte-Alliance se dégoûterait de son expédition, qu'elle trouverait très-incertaine et très-coûteuse, et ne ferait marcher ses soldats, l'année suivante, que pour les rappeler dans leur pays.

CONCLUSION.

L'Espagne qui fixe aujourd'hui l'attention de l'Europe, l'Espagne qui semble le dernier point d'appui de la liberté européenne, ne peut pas se faire illusion sur la position où elle se trouve par rapport à la Sainte-Alliance, et doit s'attendre à être attaquée. L'exemple de l'Italie ne doit pas être perdu. L'aveugle confiance des Cortès napolitaines, leur négligence, dès les premiers symptômes de la guerre, ont livré leur pays, presque sans défense, au joug de l'Autriche. Les Cortès de l'Espagne mériteraient-elles le même sort ?

L'organisation de l'armée est le besoin le plus pressant de l'Espagne dans les circonstances actuelles. Il faut s'en occuper sur-le-champ. Cette armée doit être à la fois assez forte pour résister à l'ennemi extérieur, et pas assez pour imposer des lois à la patrie, ou pour épuiser les ressources financières de l'état. Le plan d'organisation proposé atteint ce double but et me semble devoir assurer le salut de l'Espagne.

Au plan d'organisation militaire, j'ai cru devoir joindre des observations, fruits de mon expérience et de mes méditations, sur le système de guerre à adopter. J'ai la conviction non seulement que ce système de guerre est avantageux, mais même qu'il est le seul qui puisse sauver l'Espagne attaquée par les armées du despotisme. C'est au gouvernement et aux Cortès à décider de l'adoption des idées que je présente. Quoi qu'ils fassent, j'ai la satisfaction d'avoir rempli un devoir en consacrant mes derniers efforts à la défense de la plus belle des causes, celle d'une sage liberté et de l'indépendance des nations.

L'admiration que m'a inspirée la conduite héroïque de la nation espagnole dans la guerre contre Bonaparte m'a rendu plus agréable l'exécution de ce devoir. La modération qui, depuis la dernière révolution, a dirigé toutes les mesures du gouvernement et des Cortès m'a rassuré contre les inquiétudes des abus de la liberté, et j'ai désiré plus vivement que jamais de voir triompher l'Espagne.

J'ai cru ne devoir demander ce triomphe qu'à ses propres efforts. Je n'ai point parlé des alliances qu'elle devait former, des secours qu'elle peut en réclamer et en attendre. Ces alliances et ces secours suivront naturellement les mesures nationales que le gouvernement adoptera. Le Portugal, en voyant l'Espagne se préparer à une résistance vigoureuse, sentira bientôt le besoin de s'unir étroitement à elle pour le maintien de droits et d'intérêts qui sont communs aux deux pays, et qui ne peuvent être détruits dans l'un sans l'être dans l'autre. Cette alliance est inévitable si l'Espagne se montre forte et décidée; mais si elle se montre faible et irrésolue, elle sera abandonnée, parce qu'elle paraîtra s'abandonner elle-même.

Un objet d'une grande importance, et qui a des rapports immédiats avec la guerre dont l'Espagne est menacée, exigeait peut-être quelques réflexions. C'est l'état des colonies espagnoles de l'Amérique. Les faits ici parlent plus haut que tous les raisonnemens. L'Amérique veut être et sera indépendante de l'Europe. Tous les efforts de l'Espagne ne peuvent plus l'empêcher. Au lieu donc de prolonger inutilement une lutte sanguinaire, il vaudrait bien mieux, par une conciliation fondée sur la raison et l'équité, établir de nouvelles relations entre la mère patrie et ses colonies, indépendantes par le fait. Quelles immenses ressources l'Espagne pourrait tirer d'un pareil arrangement! Non seulement elle aurait sur-le-champ des troupes aguerries à opposer à la ligue européenne, mais encore les Espagnols américains, reconnaissans de l'indépendance qui leur serait assurée par leurs frères d'Europe, contribueraient volontiers de tout leur pouvoir et de leur or à la défense des libertés espagnoles.

Que le gouvernement et les Cortès réfléchissent bien sur ce sujet, et surtout qu'ils se pénètrent bien de cette vérité que, quoi qu'ils fassent, ils ont perdu l'Amérique. Quand cette assertion serait fausse, elle aurait encore l'avantage de limiter leur attention aux affaires de l'Europe, et celles-là suffisent.

Je finis en faisant des vœux pour que ces

idées soient accueillies. Aucun intérêt personnel ne me les dicte ; je n'en attends qu'un prix qui comblerait ma vieillesse de joie ; c'est d'apprendre dans ma retraite que l'Espagne triomphe et qu'elle jouit en paix de la liberté et du bonheur auxquels elle a tant de droits.

NOTE.

C'est le dernier des écrits du général Dumouriez qu'on vient de lire : et les hommes de guerre le regardent comme le plus remarquable sous le rapport militaire, comme un plan parfait d'organisation d'armée dans un pays libre, et comme le plus habile système de stratégie que l'Espagne pût adopter.

Le général, en écrivant, ne pensait pas que c'était contre la France qu'on devrait bientôt faire usage des moyens de résistance qu'il proposait à l'Espagne. Il ne prévoyait pas, il ne pouvait concevoir que la nation française aurait la faiblesse de courber la tête sous le joug de la contre-révolution, et se laisserait lancer par la Sainte-Alliance contre la Péninsule, pour la punir d'avoir déployé la plus grande modération dans l'établissement de la liberté, et pour la livrer aux fureurs des passions ignorantes et fanatiques. C'était contre les Russes et les Autrichiens qu'il appelait aux armes.

Le gouvernement espagnol, endormi dans une funeste sécurité par ses aristocrates et ses doctrinaires, les Toreno et les Martinez la Rosa, qui perdront encore l'Espagne, tout en reconnaissant le mérite de l'ouvrage, en remit à une autre époque la mise à exécution ; c'est-à-dire en rendit l'exécution impossible.

Dans des temps de révolution, les systèmes et les événemens marchent vite. Dumouriez envoyait son travail à la fin d'août 1821, et à la fin de 1822 des soldats français menaçaient, du pied des Pyrénées, l'indépendance de l'Espagne, et les mêmes chefs qui, trente ans auparavant, avaient fait retentir les rivages de l'Èbre des chants républicains de la France, se préparaient à y relever les enseignes du despotisme.

Alors, il était trop tard pour organiser le matériel de la défense préparée par le général. On ne pouvait plus appliquer au système stratégique développé dans ses mémoires que des élémens insuffisans pour le nombre et la composition. Puis, en outre, comme tous les ministères de couardise et de rouerie qui se croient habiles, le ministère espagnol confia le commandement des armées à des généraux dignes de lui, à Morillo, qui n'était connu que par ses cruautés et ses exactions en Amérique, à O'Donnel-L'Abisbal qui, dès le rétablissement de la constitution, en avait été l'adversaire le plus perfide. Un seul homme, le grand et modeste Mina, offrait des garanties, et n'a pas trompé l'attente de la liberté et de la patrie dans le commandement qui lui fut confié.

Le gouvernement espagnol ne pouvait excuser son inaction en 1821 et 1822 par la confiance que pouvaient lui inspirer ses rapports diplomatiques avec les puissances étrangères, car, quel que fût le langage des ambassadeurs à Madrid, les diplomates accrédités près des autres cours s'exprimaient assez ouvertement. Je transmettais moi-même régulièrement à un de mes amis les projets et les actes des puissances; j'avertissais du double rôle que M. de Lagarde jouait à Madrid; et je le faisais avec tant d'exactitude et de détails, que Ferdinand, à qui un de ses ministres montra une de ces lettres, dans laquelle j'exposais les intrigues de M. de Lagarde avec le roi, ne put s'empêcher de manifester son étonnement, et d'avouer tout ce qu'on pouvait avouer.

Rien ne put tirer le ministère espagnol de son apathie, et les hostilités allaient commencer qu'il avait encore l'air de n'y pouvoir croire*.

Le plénipotentiaire espagnol, forcé de quitter Paris,

---

* La position où se trouve aujourd'hui la France est absolument la même. Même espèce d'hommes à la tête des affaires, avec la cruauté et l'avidité de plus. Même système de paix et d'ordre public; même composition des

fit demander à Dumouriez, en arrivant à Londres, un nouveau mémoire militaire, non plus pour la défense des Pyrénées, mais sur le meilleur mode d'opérations en France, pour opérer des diversions et tenter le renversement des Bourbons. Dumouriez refusa. « Ce » que je vous ai envoyé suffisait, si vous aviez commencé » à temps, répondit-il, et peut suffire encore si vous » l'exécutez, quelle que soit l'organisation de votre ar- » mée, avec promptitude et résolution. Je ne puis rien » vous dire de plus : de ce côté-ci des Pyrénées, c'est » ma patrie ! »

Je l'avoue, j'ai été contrarié de ce refus, et j'aurais fait tous mes efforts pour décider Dumouriez à revenir sur cette résolution, si la profonde tristesse que les événemens lui donnaient et ses inquiétudes sur l'avenir de la France ne l'avaient accablé, et n'avaient altéré si sensiblement sa santé, que je commençai à craindre pour sa vie. Tous nos soins tendirent alors à l'arracher à ses préoccupations politiques; mais la chose était impossible. Il ne pensait qu'à la guerre impie qu'entreprenait la France, et aux malheurs que cette guerre allait déverser sur les deux pays.

Il eut un instant d'espoir, quand sir Robert Wilson

administrateurs civils; mêmes choix des chefs militaires. La guerre éclatera indubitablement, et nous verrons des Morillo, des Abisbal, des Ballesteros. Que les Français soient donc sur leurs gardes. L.

nous manda que le colonel Favier et un certain nombre d'officiers français s'étaient réunis en Espagne, et voulaient se présenter les premiers à l'armée envahissante, sur les bords de la Bidassoa. Mina me mandait la même chose de la Catalogne, où chaque jour arrivaient les proscrits de l'Italie et de la Sardaigne, et de jeunes Français, que la haine de la servitude entraînait sous les étendards de la liberté *.

Le vieillard applaudissait à ce noble entraînement qui renverse ces prétendues lois sociales que les tyrannies de toutes les dénominations imposent sous peine de mort, et il regrettait que son âge ne lui permît pas d'aller affronter les dangers au milieu de ces hommes généreux. Un jour qu'il exprimait ce regret, je lui dis :
— Mais c'est là ce qu'on appelle être traître à la patrie.
— Oui, me répond-il ; mais qu'importe le nom qu'on donne à une chose si elle est bonne ? — Mais quand on lui a donné un mauvais nom, on la condamne comme une mauvaise chose. — Qu'importe une condamnation, si elle est imméritée ? — Mais en subit-on moins les cachots, la mort, l'exil ? — Non, mais la raison qui

---

* Parmi ces derniers se trouvait M. Carrel, qui depuis a montré que la constance dans les principes le distingue des hommes politiques de notre époque, autant que son courage et son talent. Mina m'a souvent parlé de cette légion libérale étrangère, avec admiration, et M. Carrel est du petit nombre de ceux qui en sont restés dignes, en même temps qu'il a acquis de nouveaux droits à son amitié. L.

marche, mais l'avenir qui venge ! Je sens que je ne verrai plus la France, mais on y rappellera mes restes, et quoique j'aie souffert, j'espère bien que mon exemple n'empêchera jamais les officiers français d'attaquer la tyrannie et de défendre l'humanité.

Chaque jour ajoutait à l'indignation que lui inspirait la marche de la restauration. Plus il avait désiré, pour le bien de la France et la paix du monde, que la branche aînée des Bourbons se réconciliât avec la liberté, et plus il désirait maintenant que cette famille portât la peine des attaques constantes contre les droits nationaux. C'est alors que, comme je l'ai déjà dit, toutes ses espérances, ses vœux et ses derniers efforts eurent pour objet l'arrivée au trône de M. le duc d'Orléans.

Tous nos soins pour le distraire furent impuissans. L'hiver rigoureux de 1823 ne lui permettait pas ses promenades habituelles, et le livrait davantage à ses méditations. En quelques jours sa maladie prit un caractère plus grave, et le 14 mars il nous fut enlevé.

Nous qui le pleurions alors, nous nous applaudissons aujourd'hui que ses longues souffrances n'aient pas été prolongées. Il n'a pas vu l'Espagne rendue par des soldats français au monarchisme, à la stupidité, à la tyrannie. Il n'a pas vu les victoires contre les libertés espagnoles retomber sur les libertés françaises, et fortifier le système d'asservissement dont il avait signalé l'origine. Il n'a pas vu les sept années qui ont pesé sur le pays et qui semblaient lui présager, comme au reste de l'Europe, le retour à la civilisation du moyen-âge.

Les combats de juillet auraient un instant consolé le vieillard; mais ensuite quand il aurait vu son attente trompée, ses espérances déçues, les principes abandonnés, les antécédens démentis, les affections les plus chères blessées, la liberté plus vivement attaquée, l'étranger plus servilement obéi, les peuples plus lâchement sacrifiés, la France livrée à la faction que le premier il avait démasquée, et en proie aux plus sanglantes convulsions; oh! comme il eût souffert!

Dumouriez est mort à temps!

RIO DE LA PLATA

A DON CORNELIO DE SAAVEDRA,

Président de junte du Gouvernement de Rio de la Plata, le 25 décembre 1810.

Monseigneur,

Don Manuel Padilla m'a remis la lettre dont vous m'avez honoré, en date du 9 septembre 1810. Recevez l'expression de ma vive reconnaissance, pour les marques d'estime et de considération que vous me donnez, de la part de votre respectable gouvernement et de vos estimables et intéressans compatriotes.

Je supplie Votre Excellence de les assurer que, rempli d'admiration pour leur énergie et leurs vertus patriotiques, je n'aspire qu'à joindre mon expérience à leurs efforts. Je ne peux fixer ni le temps ni les moyens qui pourraient me rendre un jour leur compagnon d'armes, mais assurez-les que personne n'est plus disposé que moi à vivre et à mourir au milieu d'une nation libre. Timoléon avait mon âge quand il alla consacrer ses facultés physiques et morales à Syracuse.

En attendant cette heureuse époque, je chercherai à suppléer, par mes lettres, à mon absence, ainsi que par mes avis les plus sincères, que je donnerai à mon ami Padilla, sur vos affaires.

Je vais travailler à un mémoire militaire sur l'organisation la plus prompte et la plus solide de votre armée. Elle doit marcher, d'un pas égal, avec toutes les autres parties de votre constitution politique. Pour construire le temple de la liberté, il faut avoir l'épée dans une main et la truelle dans l'autre.

Il faut éviter, dans ce premier instant, toutes

les abstractions métaphysiques, et les réserver pour des temps plus tranquilles. C'est le fruit de la maturité. Celui de la jeunesse des gouvernemens, comme des hommes, est l'action.

Quand vous serez forts, vous ne serez plus le jouet de la politique machiavélique des puissances étrangères qui ne s'intéressent qu'à la richesse de votre sol, sans aucune considération pour ses intéressans habitans. Il vous faut d'abord une armée bien organisée, bien armée, bien partagée en parties solides et substantielles. L'instruction viendra avec le temps. J'ai vu avec plaisir que vous venez de fonder une école militaire dans votre capitale. Quant à l'obéissance et à la discipline, je n'ai aucune inquiétude. De tout temps elle a été plus forte chez les peuples libres que chez les autres, parce que chaque soldat se regardant comme citoyen, c'est-à-dire comme partie intégrante de la société, est empêché, par l'intérêt commun, de s'écarter du devoir par intérêt particulier.

L'immensité de votre territoire, la distance considérable qui existe entre les parties comprises dans la vice-royauté de Buénos-Ayres, partagent naturellement son état militaire en deux départemens, séparés par le fleuve, mais ils ont tous les deux leur point central à Buénos-Ayres. Le département de l'Est comprend toutes les provinces situées entre le Pilcomayo au nord, et le Rio Colorado au sud; le département de l'Ouest s'étend depuis la rive gauche du Pilcomayo et la frontière portugaise au nord et à l'ouest, jusqu'au Rio de la Plata au sud.

La composition de cette armée doit se diviser en deux parties distinctes : 1° L'armée soldée ou de ligne, toujours sur pied, tenant garnison sur les frontières de l'état, surtout le long des côtes méridionales du fleuve, dans les trois stations des trois ports qui le commandent, Maldonado, Montevideo et Sacramento ou Saint-Gabriel ; 2° les milices, tant fixes que volontaires, qui doivent protéger la sûreté publique et l'autorité du gouvernement, dans leurs provinces respectives, et recruter ou renforcer l'armée de proche en proche, en cas de guerre.

Pour l'entretien de l'armée soldée, et pour toutes les dépenses militaires, il faut assigner des fonds fixes, tirés du trésor public, d'après un système réglé de perception. Ce système de finances doit être divisé en trois parties, dépense civile, dépense militaire, dépense extraordinaire ou imprévue.

Les dons gratuits ne doivent point entrer en ligne de compte, ils ne peuvent être considérés que comme un supplément casuel, non susceptible de calcul, auquel on ne doit avoir recours que dans la nécessité de prévenir ou remédier à une calamité publique, comme dans le cas de l'expédition de Cordoue ou Montevideo. On risquerait, en y ayant recours habituellement, d'épuiser le zèle patriotique, et de changer en un impôt déguisé un don qui doit être purement volontaire. C'est par cet abus que les chefs de la révolution française ont épuisé très-vite cette source féconde des ressources nationales, et ont été forcés d'y substituer les extorsions les plus injustes et les plus tyranniques.

L'idée de rendre Maldonado très-important et d'en rendre le port praticable pour le commerce étranger, est sublime, et, dès qu'on aura apaisé la révolte de Montevideo, il faut s'en occuper sérieusement. Il serait utile aussi d'examiner scrupuleusement, si on ne pourrait pas établir, dans la suite des temps, un port vers l'embouchure méridionale du Rio de la Plata, ou entre ce fleuve et le Rio Colorado.

Une excellente méthode, plus encore par raison politique que pour son avantage militaire, que vous avez déjà adoptée et qu'il faut suivre dans la composition de votre armée, est de fondre et d'amalgamer les troupes indiennes dans les régimens de ligne, comme vous l'avez déjà fait dans les régimens 2 et 3. Il est également de la bonne politique d'amalgamer les Européens avec les Créoles, et de n'avoir plus de troupes soi-disant européennes.

Don Manuel Padilla a montré une grande perspicacité dans ses conférences avec L. Strangford et le comte de Linarès, qu'il m'a communiquées. Je lui ai détaillé mes opinions sur la conduite de ces deux ministres, et les vues des deux cabinets relatives à l'affaire de Montevideo. Je continuerai à l'éclairer sur ces objets, et il vous en rendra compte.

Je souhaite que M. le secrétaire d'état Moreno puisse retirer de Rio-Janeiro la lettre que j'avais écrite, le 9 octobre, à don Manuel Padilla, sous l'enveloppe du docteur Gardner, seminario de San Joachim, à Rio-Janeiro. Il y verra que j'avais pris la liberté de conseiller la plus patiente modération et la plus fine politique, pour apaiser la dissension de Montevideo, parce qu'alors j'ignorais à quel excès s'était portée cette population aveuglée par des brouillons et séduite par des insinuations étrangères, en même temps que je conseillais d'agir avec vigueur et promptitude contre Cordoue.

Je suis ravi de voir que mon avis ait été d'accord avec ce que vous avez déterminé. La rapidité des mesures de votre gouvernement et la punition exemplaire des grands coupables, ont éteint pour toujours cet incendie dans vos provinces intérieures, et la conduite de vos officiers et de vos troupes est digne des plus grands éloges.

A présent que vous n'avez plus de danger à craindre, que vous avez été forcés de déclarer Montevideo en état de rébellion, et que cette population égarée a poussé l'insulte jusqu'à s'emparer de la colonie de Sacramento, et à bloquer la capitale, je suis d'avis qu'il n'y a plus de ménagement à avoir par l'axiome, *principiis obsta*, et qu'il ne faut pas laisser augmenter le mal par des retards.

Mon avis actuel est donc qu'il faut vous dépêcher d'envoyer votre brave armée de l'autre côté du fleuve, sans aucun retard; de la renforcer de tout ce que vous pourrez tirer des provinces du nord et nord-ouest, pour chasser de Sacramento et des îles Don Gabriel la garnison qui les occupe hostilement, *de quelque nation qu'elle soit*, et après avoir assuré cette station militaire par une garnison fixe et les fortifications convenables, faire avancer l'armée sur le territoire de Montevideo ; bloquer étroitement cette ville, et y faire entrer une proclamation, par laquelle vous menacerez de ravager la campagne à dix lieues à la ronde, de manière à couper aux habitans les moyens de subsistance par terre. Il en résultera nécessairement une grande discorde entre les bons citoyens et le parti rebelle des marins. Alors, en aidant de la force armée les moyens de prudence et de modération du commissaire civil chargé de la part du gouvernement de la diriger, vous devez espérer que les propriétaires abattront le parti des rebelles, et forceront la ville à la soumission, et ensuite, en emmenant le député de Montevideo et quelques otages, laissant une garnison dans le château, désarmant les suspects et armant les bons citoyens, vous serez sûrs de la fidélité de cette ville importante, puisqu'elle est la clef du fleuve, ainsi que de celle de Maldonado, où vous prendrez les mêmes mesures.

Je crois que si vous poussez cette mesure avec des forces suffisantes, beaucoup de rapidité et le plus grand secret possible, vous réussirez avant que les puissances étrangères puissent prendre un parti qui vous soit contraire, et en venir à des démarches hostiles. Au reste, quel que soit l'événement, comme il s'agit de la liberté et de la justice, votre patriotisme doit faire face à tout.

En faisant la sourde oreille à toute négociation de médiation et continuant votre opération avec vigueur, ces puissances n'auront pas le temps d'en venir à des hostilités ; car les Anglais attendront les instructions et les ordres de l'Europe, et les Portugais n'oseront rien seuls. Le motif de votre refus de toute médiation étrangère est simple et en même temps convenable à votre dignité. Un état constitué ne peut pas admettre la médiation d'une puissance étrangère entre lui et des sujets rebelles. Si l'Irlande se révoltait contre l'Angleterre, celle-ci admettrait-elle une médiation entre elle et l'Irlande rebelle? Si une des provinces du Brésil se révoltait contre le gouvernement, le régent s'avilirait-il jusqu'à accepter la médiation d'une autre puissance? La médiation ne peut avoir lieu qu'entre peuples égaux, ou au moins indépendans. Le gouvernement qui l'accepterait se priverait lui-même de son droit de souveraineté et reconnaîtrait facilement l'indépendance de ses sujets révoltés.

Don Manuel Padilla vous a rendu un service très-important, par le contrat qu'il a passé avec les Américains pour des armes. Cela est plus difficile ici; mais il a toute la prudence et toute l'adresse qu'il faut pour réussir dans tous les genres de négociations que vous lui avez confiés et lui confierez par la suite. Il est bien vu dans ce pays-ci, et l'adjonction d'autres agens pourrait peut-être traverser plutôt qu'aider vos affaires avec ce pays-ci, dans la position délicate où vous êtes et dans la confusion politique qui entraîne les cabinets. Mais dans un pays où l'argent est le mobile universel, il est nécessaire que vous lui ouvriez un crédit de discrétion sur les banquiers de Londres, pour pouvoir faire face, soit à des engagemens, soit à des dépenses imprévues ou secrètes. Car, vu la distance, il ne pourrait pas toujours attendre vos ordres. La mission ici serait nulle s'il n'était pas autorisé et mis en état de faire sur-le-champ les dispositions pécuniaires que les circonstances peuvent exiger, et dont il n'aurait le temps ni de vous prévenir ni de prendre vos ordres.

Cette longue lettre doit vous prouver mon zèle et ma franchise militaire. Votre cause est la plus juste et la plus belle qui puisse animer les hommes. Votre courage, la sagesse que vous avez déployée jusqu'à présent m'attachent à vous par les liens de l'estime et de l'admiration, et soit de près, soit de loin, je serai trop heureux de contribuer à vos succès et au bonheur de vos très-intéressans compatriotes. C'est avec ces sentimens très-ardens et très-profonds que j'ai l'honneur d'être, etc.

MÉMOIRE

GÉNÉRAL

SUR LE GOUVERNEMENT

DE BUENOS-AYRES.

INTRODUCTION.

La liberté crée les états, quand les peuples en modèrent les élans; elle détruit les empires quand ils se laissent entraîner à ses fureurs; la liberté est un feu céleste auquel s'allume le flambeau du génie, ou un incendie qui embrase ses propres élémens. La fondation des anciennes républiques nous montre l'exemple de ses bienfaits; la révolution française nous déploie ses excès et ses calamités. Plus un peuple est près de la nature, plus il est susceptible d'adopter une constitution qui se rapproche des sociétés primitives; plus il est isolé et éloigné des sociétés corrompues, plus il en peut rejeter les institutions tyranniques, et n'en adopter que les arts utiles, sublimes productions des siècles.

Telle est la position morale et physique du peuple énergique et intéressant qui habite l'immense et riche territoire compris sous le nom actuel de la vice-royauté de Buenos-Ayres. Il est assez éloigné de l'Europe pour ne craindre ni son influence politique ni ses armes. Il a déjà prouvé, sans s'être encore donné une constitution politique et militaire, combien il est redoutable, quand on tente de l'envahir. Dès que le grand œuvre de cette constitution sera achevé, une paix profonde laissera le cours à l'industrie et à toutes les jouissances que le sol le plus varié promet en richesses, dans une immense étendue de territoire, aux fondateurs de cette souveraineté indépendante et à leur heureuse postérité.

Ce mémoire se partage naturellement en trois parties : 1° tableau géographique ; 2° état militaire ; 3° état politique extérieur et intérieur. C'est sur ces trois bases que la constitution du grand état doit être arrangée. Puisse la sagesse présider à ce grand édifice! puisse ce grand état, qui n'a pas encore de nom, mériter celui de *Félicianie*, séjour ou asile du bonheur!

PREMIÈRE PARTIE.

TABLEAU GÉOGRAPHIQUE.

En jetant les yeux sur l'immense étendue de territoire qui comprend les cinq provinces de la vice-royauté de Buenos-Ayres, l'imagination est effrayée de la quantité immense de grandes rivières, de forêts presque impénétrables, de déserts et de terrains incultes qui séparent les cantons habités et qui, dans l'état de nature de cet immense territoire, rendent les communications lentes, difficiles et dangereuses, isolent entre eux les provinces et les districts habités et cultivés, et détruisent l'ensemble compacte que doit former un état régi par la même constitution et le même gouvernement. Un second obstacle à cet ensemble si nécessaire pour assurer la solidité et la durée de ce vaste empire, est la diversité des castes, très-opposées entre elles par les préjugés, qui composent cette nouvelle société. Je traiterai, dans la troisième partie, à la section de la politique intérieure, des moyens de lever cet obstacle et de faire disparaître ces divisions, au moins aux yeux de la loi qui, pour le bonheur de tous, doit faire jouir toutes les castes et toutes les classes de citoyens d'une part de liberté proportionnée à ce que chacune peut et fait pour contribuer au bien général.

Chacune de ces cinq provinces présente des avantages particuliers, dont la réunion doit former l'ensemble du bien général et de la force de l'état. La province de Buenos-Ayres, par son état florissant de cultivation et de population, par sa position centrale, par le débouché du grand fleuve qui arrose et traverse ses deux parties, est le centre naturel où doit aboutir le commerce intérieur et extérieur de tout l'empire. La province de Tucuman participe aux avantages territoriaux de celle de Buenos-Ayres; mais elle a besoin de celle-ci pour le débouché de ses denrées, pour l'apport des marchandises de l'Europe et pour la vivification de tous les genres de culture. La province de Paraguay doit fournir aux provinces de Charcas, Tucuman et Buenos-Ayres, les bois et toutes les denrées agricoles, par la navigation des grands fleuves qui la coupent en tous les sens et qui, un jour, deviendront les canaux de son commerce et de sa vivification.

La province de Las Charcas, ou du Potosi, qui fournit abondamment tous les métaux et surtout l'or et l'argent, a besoin d'être sustentée par les ressources territoriales que doivent lui fournir abondamment les provinces du Paraguay et du Tucuman, quand le gouvernement aura facilité les communications.

La province de Cuyo ou Chiquito est d'une utilité indispensable pour le commerce du Chili, du Pérou, de l'Asie et des Philippines par la mer Pacifique; elle a besoin des denrées territoriales du Tucuman et des denrées de l'Europe par Buenos-Ayres.

Cet intérêt de commerce qui lie ces cinq provinces doit être vivifié par les soins du gouvernement, de manière que l'intérêt particulier se fonde dans celui de l'état, en devienne une dépendance et forme le lien le plus fort et le plus indissoluble de la république.

C'est d'après ces principes fondés sur la saine liberté que je vais examiner en grand chaque province. Je ne peux pas entrer dans les détails, parce que les matériaux me manquent et ne peuvent se trouver ni dans les mémoires très-imparfaits, ni dans les cartes très-fautives qui existent en Europe. Ce n'est que sur les lieux, par une étude et une méditation très-profondes, qu'on pourra parvenir à détailler ce tableau nécessaire dont je ne peux présenter qu'un ensemble très-imparfait.

I. *Province de Buenos-Ayres.*

1° Buenos-Ayres, capitale de l'empire, chef-lieu du gouvernement et du pouvoir législatif, dépôt de tout le commerce intérieur et extérieur.

2° Baie de Baragan, mauvais mouillage; mais comme il est nécessaire, le gouvernement doit encourager les marchands à y construire des magasins pour l'entrepôt des marchandises importées et exportées, et y tenir une petite garnison fixe. Peut-être serait-il possible d'établir cet embarcadère à Conchas au dessus de Buenos-

Ayres; c'est ce que j'ignore, et ce qui ne peut être vérifié que sur des cartes spéciales ou sur des plans topographiques et nautiques qui n'existent pas en Europe.

3° La Colonia ou Sacramento, ou les îles Saint-Gabriel, qui en forment le port, doivent être fortifiées. Cette colonie doit être militaire, et devenir le quartier-général et le chef-lieu de la division de l'armée de ligne du nord de la Plata, ce que j'expliquerai dans la partie militaire de cet ouvrage. Elle doit aussi contenir les barques armées et la petite marine attachée à cette division, qui doit en tout temps, mais surtout en temps de guerre, faciliter et couvrir la navigation entre les grands fleuves de la province du Paraguay et de la capitale. Les troupes doivent y être stationnées dans un camp fixe de baraques, et le général en chef de la division du nord doit y résider.

4° Montevideo, chef-lieu de la marine et l'entrepôt extérieur du commerce avec l'Europe, et par la suite un port franc pour arrêter la contrebande et attirer les marchands étrangers. Il faut entretenir avec soin les fortifications de cette ville, et tenir dans son château un bataillon de la division du nord. Il faut élever un petit fort et une tour de signaux sur le Montevideo, à l'ouest de la baie, avec une garnison de 200 hommes, chargée de la garde et du service de la batterie au pied de cette montagne.

5° Maldonado : si des raisons majeures de politique n'obligent pas à en faire la cession, ou au moins à en donner la jouissance aux Anglais, on peut y arranger un port passable dans la rivière de Santa-Lucia. C'est une question politique très-importante, que je traiterai à part.

6° Santafé, à quatre-vingts lieues du nord-ouest de Buenos-Ayres, au confluent du Salado et du Paranna, est un point de rassemblement pour les milices du Bas-Paraguay, pour joindre la division de ligne du nord, en cas de guerre contre les Portugais, ou de menace d'invasion par le fleuve.

7° Corrientes, à cent soixante lieues au nord-ouest de Buenos-Ayres, au confluent du Paraguay et du Paranna, est un entrepôt de navigation de ces deux grands fleuves, entre l'Assomption et Buenos-Ayres.

II. *Province du Paraguay.*

1° Assomption, à la rive gauche du Paranna, au dessus de Pilcomayo, est une place d'armes et un point de rassemblement pour les milices du Haut-Paraguay et de la province de Charcas, en cas de guerre contre les Portugais, pour menacer, par la contrée des Guaranies, les provinces méridionales du Brésil, et par cette diversion favoriser les opérations de la division du nord de l'armée de ligne,

2° Candelaria, le dernier établissement régulier au nord de la province, sur la même rivière.

3° Xerès de la Frontera, au nord-est, entièrement détruite, doit être rétablie en colonie militaire, ainsi que la Conception et Saint-Ignace. La population indienne du Paraguay est à peu près de 200,000 âmes, dont il faut déterminer favorablement et solidement l'existence civile, sur les principes de la liberté qui peuvent seuls faire la force d'un état naissant.

Dans l'état de nature où est encore le Paraguay, trois grandes rivières arrosent, ou plutôt inondent cette immense province, la divisent en trois parties, en coupent les communications qu'elles devraient au contraire faciliter, et forment, par conséquent, des obstacle presque insurmontables à la culture, à la population et au gouvernement de cette précieuse contrée.

Deux de ces rivières traversent, dans leur cours du nord au sud, un pays immense, arrosé dans tous les sens par une multitude d'autres rivières moins considérables, de lacs [et de marais. Tout le sol est très-riche et très-fertile, mais couvert de forêts presque incultes. La population ne consiste qu'en quelques villages isolés, sans commerce, dont les habitans végètent presque inconnus les uns aux autres, entièrement ignorés dans la capitale, négligés sous l'ancien régime par un gouvernement indolent qui n'avait pas même une bonne carte du pays, et n'a jamais cherché à élever cette race abrutie à la dignité de l'homme, quoique leur soumission volontaire aux lois de la civilisation, sous le gouvernement paternel des jésuites, prouvât le parti qu'un gouvernement sage, prévoyant et juste peut en tirer pour le bien général de la société.

Ces deux rivières, grossies de beaucoup d'autres qui, en Europe, passeraient pour de grands fleuves, viennent se décharger dans le Rio-de-la-Plata, presque vis-à-vis de Buenos-Ayres. L'Uraguay a un cours très-étendu au travers d'une contrée, d'à peu près la même nature, de l'ouest au sud-est, jusqu'à sa jonction avec le Paraguay, près de villa Gualeguaichi. La seule rivière de Rio-Negro, dans son cours de l'ouest au sud-est, borne extérieurement cette province jusque près de Saint-Domingo-Soriano, où elle se décharge dans le Paraguay.

Cette surabondance funeste des eaux, qui dans son état de nature, présente un réservoir immense dans le centre de l'Amérique méridionale, ne peut être vaincue que par un travail long, successif et constant, d'un peuple encouragé par une liberté raisonnable et par la tranquillité extérieure; mais alors cette immense province deviendra la partie la plus riche, la plus abondante, et un jour la plus peuplée de ce grand hémisphère.

C'est le génie de la liberté qui a arraché du sein de la mer la Hollande, naguère si riche et si heureuse; qui, par les nombreux canaux qu'il a creusés, lui a procuré une communication vivifiante dans ses différentes parties; qui, par des digues aussi simples que solides, quoiqu'en apparence frêles et légères, a assuré la culture de ses fertiles campagnes, de ses gras pâturages, en les préservant de l'élément destructeur, qui ne tardera pas à l'engloutir de nouveau, pour punir ses malheureux habitans de l'apathie avec laquelle ils se sont laissés ravir cette précieuse liberté par le tyran de l'Europe.

Pour le présent, l'état nouveau de Buenos-Ayres doit regarder le Paraguay comme la province qui lie ensemble et qui nourrit toutes les parties de son association étendue, et qui la couvre du côté du Brésil, seul pays étranger par lequel la politique européenne puisse introduire la discorde, la guerre, le fer, la flamme, la perfidie, tous les vices et les calamités de l'Europe.

Sous ce point de vue, le Paraguay mérite toute l'attention et les soins paternels du gouvernement. Quelques canaux bien entendus, à l'aide des nombreuses rivières qui l'intersectent dans tous les sens, peuvent, avec le temps, dégorger ces eaux stagnantes, qui, faute d'issues, causent périodiquement ces inondations dévastatrices qui nuisent à la population, à la culture et aux communications.

Dès à présent, on peut et on doit établir sur

ces trois grandes rivières et sur beaucoup d'autres, tant extérieures qu'intérieures, une navigation régulière. Cette navigation, dirigée et encouragée par le gouvernement, assurant la communication de ces peuplades entre elles et avec la capitale, fournira à ses habitans, actuellement isolés, le débouché des fruits de leur travail, par conséquent les rendra industrieux et laborieux. L'intérêt particulier sera d'accord avec l'intérêt général. Tout aboutira à la capitale, comme tout refluera d'elle aux extrémités de l'empire. Toutes les parties de l'ordre social seront liées par l'intérêt de tous; qui sera celui de chacun; les besoins seront communs, on y connaîtra les jouissances de l'Europe sans être assujetti à ses calamités, et cet état heureux sera le fruit de la liberté.

Je compte donner par la suite un travail particulier sur ce noble et intéressant objet de mes méditations, lorsque j'aurai mûri mes idées et étendu mes connaissances. Ceci n'est qu'un aperçu dicté par l'enthousiasme philanthropique qui remplit mes facultés morales, en faveur d'un peuple nouveau, énergique, animé du feu d'une liberté raisonnable.

III. *Province de Tucuman.*

1° Cordova pourrait être le chef-lieu de la division du Sud de l'armée de ligne. Mais les grands établissemens militaires, comme fonderies, moulins à poudre, forges, charronnages, magasins d'habillemens, fabriques et arsenaux d'armes, etc., doivent être placés à Rosario, au confluent du Saladillo et du Paranna, pour la facilité du transport par cette rivière et de l'approvisionnement des deux divisions de l'armée de ligne, qui vraisemblablement n'auront à faire la guerre que sur les bords du Rio-de-la Plata, n'ayant aucune apparence d'hostilité du côté du Chili et du Pérou.

2° San-Sago-del-Stero sur le Rio-Dolce ne pourrait devenir un point de rassemblement pour les milices du Tucuman, que dans le cas d'une guerre contre le Pérou, ce qui n'est pas à présumer. Cette ville, devenue très-pauvre, depuis la translation du gouvernement à Cordova, possède un territoire si abondant pour les plus riches productions du commerce, comme la cochenille, l'indigo, etc., qu'elle mérite que le gouvernement s'occupe de l'amélioration de sa culture. Il faudrait 1° encourager le défrichement des grands bois qui en rendent l'air malsain, en accordant des récompenses et des primes. 2°; y concéder des terres et faciliter l'établissement à des familles européennes, pour y augmenter l'industrie par l'émulation et l'exemple. 3°; creuser des canaux de navigation, aboutissant à la ville même, l'un entre le Rio-Dolce et Rio-Salado, pour faire descendre les denrées du commerce dans le Paranna, d'où elles arriveraient en nature à Buenos-Ayres, qui, devenant ainsi l'entrepôt général, prendrait une consistance plus active et plus brillante. Car il faut parvenir à rendre Buenos-Ayres le Londres de l'Amérique du Sud. On creuserait un second canal de Cordova à San-Yago par Rio-Rimero et les grandes lagunes du Rio-Dolce, pour procurer entre ces deux villes une communication par eau, qui augmenterait très-promptement la population, l'industrie et la culture de cette belle province.

3° San-Miguel du Tucuman, placé également sur le Dolce, très-près des Cordilleras, profiterait aussi du canal de San-Yago; l'exploitation des mines et la culture y augmenteraient par la facilité de ce nouveau débouché.

4° Salta et Jujuy peuvent pareillement devenir deux places plus importantes, tant pour l'exploitation des mines, que pour la culture des denrées d'un sol riche et fertile, en leur ouvrant à chacun un canal pour naviguer sur le Rio-Grande ou Vermejo, dans le Paranna, jusqu'à Corrientes, qui serait le premier entrepôt ; le second, à Santafé ; le dernier, à Buenos-Ayres ou à San-Isidro, ou Baragan, au dessus ou au dessous de la capitale Ainsi Buenos-Ayres deviendrait l'entrepôt général du Sud ; les revenus de l'état, provenant de l'apport et de l'import de toutes les branches du commerce avec l'Europe et Asie, seraient perçus d'une manière plus simple et plus assujettie à la surveillance, parce qu'elles passeraient, pour ainsi dire, par une porte unique, au chef-lieu du gouvernement, comme en Angleterre. Par cette communication par eau entre les provinces si éloignées, le gouvernement aurait tout le commerce sous ses yeux, serait à portée de disposer les améliorations, de parer aux inconvéniens, n'aurait plus à lutter contre la divergence de ses branches. L'action politique serait plus concentrée ; par conséquent plus éclairée, plus prompte, plus solide.

IV. *Province de Las Charcas ou Potosi.*

1º Sa capitale est Chiquisaca ou La Plata. On peut lui ouvrir une communication par eau, qui procurerait un accroissement de population, de culture et de bien-être, en rendant navigable le Cachimayo qui débouche dans le Pilcomayo ; et par cette rivière dans le Paranna, près la ville de L'Assomption, qui serait la première échelle de commerce sur le Paranna, Corrientes la seconde, Santafé la troisième, pour aboutir à l'entrepôt général de Buenos-Ayres.

2º La ville de Potosi, si riche et si intéressante, à 20 lieues de Chiquisaca se trouvant placée, sur un territoire qui ne produit absolument rien, ni les comestibles, ni le bois et le charbon nécessaires pour le chauffage et pour l'exploitation des mines, mérite que le gouvernement s'occupe, le plus tôt possible, de pourvoir, à meilleur marché et plus sûrement que par le transport par terre, à tous ses besoins. Le moyen qui se présente au premier coup d'œil serait de construire une grande route bien entretenue de Potosi à La-Plata-Chiquisaca, qui deviendrait le dépôt de toutes les denrées de première nécessité, pour la nourriture des habitans et le service des mines de Potosi, qui, par le Pilcomayo, arriveraient de L'Assomption. Cette communication par eau lierait la province de Las Charcas avec celle du Paraguay, et les lierait l'une par l'autre.

Je ne m'étendrai pas, faute de bonnes cartes, sur les districts au nord, à l'est et à l'ouest de Potosi. Tarija, qui est, je crois, placée à l'extrémité septentrionale de cette immense province, peut avoir une communication assurée par la rivière de Tarija, qui se décharge dans le Rio Vermejo, ou par un canal au nord de la ville, qu'on creuserait en droiture pour aboutir au Pilcomayo; l'un et l'autre lui assureraient la communication par eau avec L'Assomption, Corrientes, Santa-Fé et Buenos-Ayres.

V. *Province de Cuyo ou Chiquito.*

Ni dans aucune carte, ni dans aucun livre géographique, je n'ai trouvé aucun détail sur cette province, ni sur sa capitale Mendoza, ni sur ses lacs de Guanacaire, ni sur ses rivières, ni sur San-Juan-de-la-Frontera, ni sur Oromonte, ni sur Uco. J'ignore absolument l'étendue de cette province, et s'il y existe des rivières dont on puisse tirer parti pour faciliter la communication par eau avec Cordova, qui est le district le plus voisin.

La province de Cuyo est extrêmement intéressante pour la communication avec le Chili, soit qu'il se joigne à l'état souverain de Buenos-Ayres, soit qu'il forme un état séparé, purement fédéral. Dans tous les cas, le Chili, pour son propre intérêt, doit suivre les opinions et les plans de Buenos-Ayres, même quand il se déciderait à se former en état indépendant. Il est bien plus séparé, par les Andes, du Pérou, que par sa *Cordillera*, bien plus étroite et bien plus praticable, de Buenos-Ayres. Pour la facilité et la promptitude du commerce, la voie du Rio-de-la-Plata est plus directe que celle de la mer du Sud, pour la communication avec l'Europe. Ainsi, dans le nouvel ordre de choses qui va s'établir irrésistiblement dans l'Amérique méridionale, la province de Cuyo deviendra, dans toute sa longueur, l'entrepôt de transit du commerce, par Buenos-Ayres, entre le Chili et l'Europe.

Ce tableau géographique, ou plutôt cette

esquisse des cinq provinces qui composent présentement la vice-royauté de Buenos-Ayres, suffit pour indiquer au génie créateur, exalté par la liberté, tout ce qu'il peut et doit entreprendre, dans toutes les parties, pour les lier en un pays compacté, malgré son immense étendue. Les idées des hommes d'état doivent se mesurer sur la nature. Dans cette superbe partie de l'Amérique méridionale, lacs, rivières, forêts, montagnes, mines, richesse du sol et imagination des hommes libres, doivent s'élever à la même hauteur. Les membres du gouvernement à qui un tel peuple a confié la conduite de ses affaires doivent envisager leur tâche comme l'œuvre de la création.

Leur premier soin doit être de lever, dans chaque province, des cartes topographiques, ou plutôt hydrographiques, exactes, pour la partie des lacs et des rivières, de leur cours, de leur profondeur, de leur largeur, spécifiant la nature des terrains qu'elles arrosent ou qu'elles inondent : c'est de la surabondance même des eaux qu'on doit retirer les ressources de la fertilisation des terres, de l'accroissement de la population, du bien-être de l'industrie, et de la facile communication des cinq provinces jusqu'aux frontières les plus reculées de l'empire.

La province du Paraguay, centre de ce réservoir d'eaux surabondantes, doit attirer les plus profondes méditations du génie, non seulement pour assurer ses communications entre les peuplades isolées, par conséquent découragées ou apathiques; mais par des travaux faciles, successifs, et de proche en proche, digues, canaux, jonctions de rivières, le Paraguay doit devenir le centre de la navigation intérieure. Le gouvernement doit encourager cette navigation et en donner l'exemple en l'employant uniquement, ou au moins de préférence, pour toutes les communications entre les provinces et la capitale.

Un bureau d'ingénieurs habiles, surtout en hydrographie, doit être établi près du gouvernement et être chargé de rassembler et mettre en ordre les cartes et mémoires de chaque province, relatifs à la partie hydrographique. Des membres de ce bureau doivent être envoyés dans chaque province, pour vérifier par eux-mêmes les cartes et mémoires qu'ils auront rassemblés. A leur retour ils doivent rendre compte au gouvernement de leur travail. C'est sur ce compte que le gouvernement pourra, avec connaissance de cause, former sans aucun délai un plan général de navigation, d'après lequel on opérera successivement, en commençant par le Paraguay, prenant pour bases de cette grande entreprise les vues dont je ne donne que l'aperçu dans le tableau géographique.

SECONDE PARTIE.

ÉTAT MILITAIRE.

La force militaire d'un état libre doit être divisée en deux parties.

1° L'armée de ligne, toujours sur pied, destinée à garder les frontières, les places fortes, et à entrer en campagne au premier ordre du gouvernement, dès qu'on a à craindre une invasion; 2° la milice, la véritable armée des citoyens, qui doit être constamment complète, pour se joindre, en tout ou en partie, à l'armée de ligne, pour repousser l'ennemi, et le chasser au-delà des frontières.

La milice doit être au moins cinq fois plus nombreuse que l'armée de ligne, pour n'avoir pas à craindre qu'un ambitieux abuse de cette force pour attenter à la liberté des citoyens et au renversement de la constitution de l'état. L'immense étendue de la vice-royauté de Buenos-Ayres diminue le danger de la tyrannie par l'armée de ligne, parce que, partout où elle sera placée, elle sera toujours trop inférieure à la milice et aux citoyens armés auxiliairement, qui se joindraient à cette milice, pour faire rentrer dans le devoir les troupes qu'un traître ou un ambitieux auraient égarées et entraînées dans la révolte.

L'armée de ligne n'est donc point dangereuse, mais au contraire très-nécessaire et très-utile, en la constituant dans les proportions de la prudence, d'après les principes militaires universellement adoptés en Europe. Tout état, quelle que soit la forme de son gouvernement, a besoin d'entretenir une armée de ligne constamment sur pied, constamment appliquée, en paix comme en guerre, à s'instruire et à pratiquer cet art sublime et terrible qui soutient ou détruit les états. Le grand art du législateur est de proportionner sa force au strict besoin de la défense, d'en faire une école militaire pour les milices civiques, de ne jamais, dans aucun cas, l'augmenter au-delà de la proportion de la milice armée, pour éviter deux dangers : le premier, qu'un chef militaire n'abuse de la force de l'armée de ligne pour aspirer à la tyrannie; le second, que le pouvoir exécutif, fier de sa force soldée, ne se livre à l'ambition des conquêtes, sous le prétexte peu plausible d'étendre les limites de la république, et n'entraîne la nation dans des guerres d'agression, toujours injustes, toujours punies, même par les plus glorieux succès. Voyez la France, pourriez-vous envier son sort?

Heureux Américains! surmontez par votre industrieux et constant travail les obstacles que vous oppose une nature sauvage; comblez par une population agricole les grands espaces qui séparent vos peuplades; voilà les victoires, voilà les triomphes dignes d'un peuple libre et vertueux.

C'est sur ces principes que je vais établir l'état de l'armée de ligne nécessaire à la nation pour laquelle je travaille. Une autre considération achève de réduire la forme et le nombre de cette armée à une petite proportion.

La nouvelle république a pour voisins 1° le

Pérou, dont elle n'a à craindre de long-temps aucune invasion ; 2° le Chili, qui, quelque système qu'il adopte, sera nécessairement toujours allié; 3° les Portugais du Brésil, qui seuls sont vos ennemis naturels de tout temps, surtout depuis que la maison de Bragance, n'ayant pas eu le courage de défendre le Portugal ou d'y périr, est venue se réfugier (vraisemblablement pour très-long-temps) à Rio-Janeiro, où son ambition inquiète s'agite en tous sens, sur de vaines prétentions de famille, pour former des projets d'agrandissement mal calculés sur ses faibles moyens. Mais comme le gouvernement tient toujours aux intrigues de l'Europe et à la politique de l'Angleterre dont il dépend, il peut être poussé à vouloir décider son sort par les armes, et dans ce cas il peut porter ses troupes sur la rive septentrionale du Rio-de-la-Plata. C'est, par terre, le seul côté où la république soit attaquable, ce que je détaillerai dans la section du système de défense.

Deux grandes puissances européennes, qui se disputent l'empire de l'univers, peuvent attaquer par mer la nouvelle république ; mais on n'a pas à craindre qu'elles se joignent ensemble pour cette attaque. Au contraire, si la France acquérait un jour une puissance navale capable de lui faire entreprendre de transporter une armée en Amérique, certainement l'Angleterre et le gouvernement du Brésil lui-même viendraient à son secours. Mais nous n'en sommes pas là. Dans l'état actuel des forces navales des deux puissances rivales, il n'y a que l'Angleterre qui puisse transporter dans le Rio-de-la-Plata, seul point d'attaque praticable, une armée de terre, sans aucun obstacle de la part de la France. Les Anglais ont déjà fait deux fois cette épreuve : la première fois, ils se sont emparés de la capitale, ils y ont été pris; la seconde fois, ils ont été repoussés avec perte et honte, et n'ont sauvé leur armée que par une capitulation pareille à celle des *fourches caudines*. Oseraient-ils jamais renouveler une entreprise aussi folle? Lorsque, dans ce point unique d'attaque, ils trouveraient une armée régulière, une milice nombreuse et disciplinée, animée du feu sacré de la liberté, et un système de défense arrangé d'avance, après avoir éprouvé les plus grands désastres, lorsque le pays ne leur opposait qu'un gouvernement faible et indécis, sans troupes régulières et sans plan de défense régulier?

C'est sur ces bases que j'ai arrangé l'état militaire que je propose et que je partage en quatre sections : 1° l'armée de ligne; 2° la milice; 3° la marine; 4° le système de défense. Les objets de ces quatre sections doivent être arrangés et mis en activité tous à la fois et sans nul retard, pour assurer par la force des armes l'état politique, la paix et la prospérité de la nouvelle république.

PREMIÈRE SECTION.

ARMÉE DE LIGNE.

Cette armée se partage naturellement en deux divisions pour défendre le cours du Rio-de-la Plata, depuis son embouchure jusqu'à Buenos-Ayres, au sud; et la Colonia del Sacramento, au nord. Ces deux divisions doivent avoir le même genre d'armes, les mêmes ordonnances, les mêmes habillemens, la même tactique, la même solde, la même quantité d'officiers supérieurs et d'état-major; la même formation en bataillons, escadrons, compagnies; la même quantité de soldats des différentes armes; en un mot, ces deux divisions doivent être en tout temps absolument pareilles, afin que, dans le cas d'une guerre contre quelque nation que ce soit, il règne une unité parfaite dans leur conduite et dans leurs mouvemens. Il faut surtout ne point établir de troupes privilégiées, de gardes prétoriennes.

TABLEAU D'UNE DIVISION DE L'ARMÉE DE LIGNE.

L'armée est composée de deux divisions du nord et du sud du Rio de la Plata. Chaque division est composée de deux bataillons de ligne formant un régiment ; de deux bataillons de chasseurs, id. ; de quatre escadrons de cavalerie ; et d'un régiment d'artillerie, de dix compagnies.

COMPOSITION DÉTAILLÉE.	Hommes.	Chevaux.	Hommes.	Chevaux
État-major d'une division.				
1 Lieutenant-général...	1	10		
4 Aides-de-camps...	4	12		
2 Maréchaux-de-camp..	2	20		
4 Aide-de-camp.....	4	8		
1 Brigad.-génér. d'artil.	1	6		
1 Aide-de-camp......	1	2		
1 Brig.-génér. du génie.	1	6		
1 Aide-de-camp.....	1	2		
4 Capitaines du génie...	4	12		
8 Lieutenans du génie..	8	16		
2 Capit. ingén.-géograph.	2	6		
2 Lieuten. ingén.-géogr.	2	4		
1 Maréchal-de-camp chef d'état-major......	1	10		
2 Capit. aides-de-camp.	2	6		
4 Adjud.-génér. capit..	4	12		
4 Sous-adjud. lieutenans.	4	8		
A reporter..	42	140		

	Hommes.	Chevaux.	Hommes.	Chevaux.
Report.	42	140		
1 Médecin de l'armée	1	3		
1 Aide-médecin	1	2		
1 Chirurgien-major	1	3		
1 Aide-chirurgien-major.	1	2		
1 Vaguemestre lieuten.	1	2		
1 Grand-prev. lieut. col.	1	4		
4 Archers	4	4		
1 Capitaine des guides.	1	3		
1 Lieutenant, id	1	2		
2 Sergens guides.	2	2		
4 Caporaux guides.	4	4		
1 Trompette	1	1		
1 Maréchal ferrant	1	1		
44 Guides	44	44		
Total.	106	217	106	217

L'infanterie de la division est composée de deux bataillons de chasseurs et de deux d'infanterie de ligne. Chaque bataillon de ligne est formé de deux compagnies de grenadiers et de douze de fusiliers. Les deux bataillons de chasseurs se forment de même, c'est-à-dire de deux compagnies de carabiniers et douze d'infanterie légère. En temps de guerre, on attachera à chaque bataillon de ligne et de chasseurs une compagnie d'artillerie, avec deux canons de campagne et deux obusiers.

A reporter. 106   217

	Hommes.	Chevaux.	Hommes.	Chevaux.
Report.			106	217

État-major d'un régiment d'infanterie ou de chasseurs.

	Hommes.	Chevaux.	Hommes.	Chevaux.
1 Colonel.	1	6		
2 Lieutenans-colonels	2	10		
1 Major.	1	4		
3 Aides-major	3	6		
1 Payeur, rang de capit.	1	3		
1 Chirurgien - major, rang de lieutenant	1			
2 Aides-chirurgiens.	2	4		
1 Aumônier	1	2		
1 Vaguem., rang de serg.	1	1		
1 Armurier.	1	3		
2 Aides armuriers	2	2		
1 Tambour-major	1	1		
8 Musiciens.	8	4		
1 Prevôt, rang de lieut.	1	2		
2 Archers.	2	2		
Total de l'état-major des deux régimens.	28	53	56	106

Composition d'une compag. d'infanterie de ligne ou de chasseurs:

	Hommes.	Chevaux.	Hommes.	Chevaux.
1 Capitaine.	1	3		
1 Lieutenant	1	2		
A reporter.	2	5	162	323

	Hommes.	Chevaux.	Hommes.	Chevaux.
Report.	2	5	162	323
2 Sergens.	2	»		
4 Caporaux.	4	»		
1 Tamb. ou cor-de-chas.	1	»		
1 Armurier.	1	»		
42 Fusiliers ou chasseurs.	42	»		
8 Chevaux ou mulets de bât, ou attelés. . . .	»	8		
	52	13		

Un régiment de ligne ou de chasseurs est composé de 28 compagnies.   1,456   319

Tot. de l'inf. d'une divis 2,912   638

                                                         3,074   961

La cavalerie est composée de quatre escadrons, chacun de quatre compagnies.

L'état-major de la cavalerie d'une division.

	Hommes	Chevaux	Hommes	Chevaux
1 Colonel	1	6		
2 Lieutenans-colonels. .	2	10		
1 Major	1	4		
4 Aides-majors	4	8		
1 Payeur.	1	3		
1 Aumônier.	1	2		
1 Chirurgien-major . .	1	2		
A reporter. . . .	11	35	3,074	961

	Hommes.	Chevaux.	Hommes.	Chevaux.
Report............	11	35	3,074	961
2 Aides-chirurgiens...	2	2		
1 Vaguemestre.......	1	1		
1 Maréchal ferrant....	1	1		
2 Aid. armur. et maréch.	2	2		
1 Prevôt..........	1	2		
2 Archers.........	2	2		
	20	45	20	45

Composition d'une compagnie de cavalerie (1).

1 Capitaine........	1	4
2 Lieutenans........	2	6
2 Sergens..........	2	2
4 Caporaux........	4	4
1 Sergent-major.....	1	2
1 Armurier........	1	1
1 Trompette.......	1	1
44 Cavaliers........	44	44
	56	64

Les seize compagnies...	896	1,024

L'artillerie est composée de deux compagnies à cheval, six compagnies à pied, deux com-

A reporter.......	3,990	2,030

(1) Il est inutile de faire remarquer ici que ce plan d'organisation des régimens, tant infanterie que cavalerie, est combiné d'après la nature des lieux, le nombre, le caractère, les mœurs et les habitudes du peuple auquel il est destiné.

DU GÉNÉRAL DUMOURIEZ.

	Hommes.	Chevaux.
Report	3,990	2,030

pagnies de mineurs et ouvriers; total, dix compagnies.

Quatre des compagnies à pied sont destinées aux quatre bataillons d'infanterie; les deux à cheval, à la cavalerie; deux à pied et les deux de mineurs et ouvriers, au service du parc d'artillerie. Les bouches à feu attachées à une division sont deux mortiers de douze pouces, dix obusiers, quatre canons de 12 liv. de balles, quatre de 8 liv., 12 de 4 liv.

Ces 32 bouches à feu, avec leurs caissons, deux forges, dix pontons, dix chariots du parc, exigent cent vingt attelages de chevaux ou mulets.

État-major de l'artillerie.

	Hommes.	Chevaux.		
1 Colonel	1	6		
1 Lieutenant-colonel	1	4		
1 Major	1	3		
2 Aides-majors	2	4		
1 Aumônier	1	2		
1 Chirurgien-major	1	2		
2 Aides-chirurgiens	2	2		
1 Vaguemestre	1	1		
2 Serg.-maj. du parc	2	2		
A reporter	12	26	3,990	2,030

	Hommes.	Chevaux.	Hommes.	Chevaux.
Report....	12	26	3,990	2,030
1 Commis. du parc..	1	2		
2 Écrivains.....	2	2		
1 Officier marinier...	1	2		
24 Pontonniers...:	24	»		
10 Conduct. de char..	10	10		
120 Charretiers.....	120	»		
Chevaux d'artillerie.	»	480		
	170	522	170	522
Chaque compagnie d'artillerie à chev., pareille pour le nombre et le grade à celle de la cav., 56 hom., 64 chev. chaq.	112	128		
Compagnie d'infanterie, 52 hom. et 13 chev.: les huit compagnies..	416	104		
Total des 10 comp: d'art.	528	232	528	232
Total d'une division :............:			4,688	2,784
Force de l'armée, composée de deux divisions sur le pied de guerre..............			9,376	5,568

En temps de guerre, cette armée doit coûter environ 3 millions de piastres par an, pour solde, armement, habillement, artillerie, chevaux, fortifications, etc. On joindra, en temps de guerre, à cette armée, 25 bataillons d'environ 750 hommes chacun, soldés pendant la campagne, ce qui porte l'armée à 30 mille hommes, et la dépense de grande guerre à 4 millions et demi. En temps de paix, elle ne montera pas à plus de 2 millions de piastres.

Je compte dans cette dépense celle d'un directorat de la guerre, dont le chef doit être choisi d'après les preuves d'une fidélité inébranlable, de connaissances étendues et de talens militaires connus. Il doit entrer par sa place, avec voix délibérative, dans le conseil d'état, parce que toutes les parties, même civiles, du gouvernement, sont relatives et intimement liées à l'objet essentiel de la liberté et de la patrie.

Il doit établir et diriger six bureaux pour embrasser les différentes branches de tout le système militaire.

1° Les bureaux de l'état-major de l'armée, chargés de l'instruction de la guerre de campagne, des plans qui y sont relatifs et des mouvemens des troupes, etc.

2° Le bureau des fortifications concernant les parties et les détails de l'art de l'ingénieur.

3° Le bureau de l'artillerie, en embrassant tous les détails, les mines de cuivre, de fer, d'étain, de plomb, fonderies, fabrication des poudres et des armes de toutes espèces.

4° Le bureau des troupes, pour tous les détails de l'infanterie, de la cavalerie, tant de ligne que des milices.

5° Le bureau du commissariat général, subsistances, magasins des vivres, hôpitaux, etc.

6° Le bureau de la comptabilité.

Le secrétaire d'état de la guerre, séparé du directeur général, se fera rendre compte, toutes les semaines, de tout le travail des six bureaux du directoire. Il vérifiera tous les détails de comptabilité, il les autorisera par sa signature; il notifiera au directeur général et il publiera, par ordre du gouvernement, toutes les ordonnances militaires, tous les ordres pour la paix et la guerre, pour le rassemblement des milices, pour les mouvemens généraux des armées, d'après les plans arrêtés dans le conseil de la guerre.

Le conseil d'état doit ordonner tout ce qui est relatif au département de la guerre, d'après son système politique, après avoir entendu les plans proposés par le directeur général.

Le secrétaire d'état de la guerre doit transmettre les ordres du gouvernement, veiller à l'exécution, signer les états de dépense et rendre compte du tout au conseil d'état.

Le directeur général doit ordonner et disposer toutes les branches militaires qui doivent concourir à l'exécution des ordres du gouvernement, arranger les plans de campagne, la dislocation des troupes, et en rendre compte au conseil d'état conjointement avec le secrétaire d'état de la guerre.

En un mot, le conseil d'état est la pensée, le secrétaire d'état de la guerre est l'organe, le directeur général est le bras.

L'armée de ligne ainsi organisée, il reste à lui donner une constitution et des ordonnances convenables au climat, aux habitudes morales et physiques du pays, et à la constitution civile de la nouvelle république. Ce travail ne peut être fait que sur les lieux. Pour son habillement, sa paie, sa nourriture, son instruction, sa tactique, son régime de vie, ses hôpitaux, ses récompenses et ses punitions, il faut également consulter les analogies et les convenances, qu'on ne peut pas bien juger de loin.

Comme l'accroissement de la population doit être le premier soin de la république naissante, le principal objet est d'attirer le plus d'étrangers possible, de faire disparaître les préjugés qui s'opposent à leur naturalisation, et de les amalgamer dans la population indigène, de manière à ce qu'il n'y ait plus de distinction et par conséquent de matière aux jalousies, aux soupçons, à la discorde.

L'armée de ligne, admettant naturellement beaucoup d'étrangers, serait toujours suspecte et pourrait devenir dangereuse, si le gouvernement ne présentait pas aux individus étrangers qui entrent dans sa composition le moyen d'acquérir une patrie libre, une propriété assurée dans le plus beau et le plus riche pays de l'univers.

En conséquence : 1° On admettra dans l'armée de ligne les étrangers comme les nationaux, dans tous les grades et dans toutes les armes; mais ayant le soin de les répartir dans les états-majors, les bataillons d'infanterie, les escadrons de cavalerie, les compagnies d'artillerie, de manière à ce qu'ils soient toujours séparés et ne forment jamais un corps à part.

2° Tout étranger qui prendra partie dans l'armée de ligne prêtera le serment de fidélité prescrit par le gouvernement. L'officier pourra s'en dégager quand il voudra, en donnant sa démission et quittant le pays. Tout bas-officier et soldat sera tenu à remplir un engagement de six ans.

3° On accordera la naturalisation à tout officier étranger qui la demandera dès la première année de son service; et, pour qu'il ne devienne pas un citoyen à charge à l'état, on lui fera une concession de territoire, surtout s'il est marié. Le gouvernement fixera un tarif de ces concessions, suivant les grades.

4° Tout bas-officier ou soldat aura droit à une pareille concession, au bout de trois années, suivant le tarif; la concession entraînera la naturalisation.

5° Tout bas-officier ou soldat qui sera demandé ou accepté par une des provinces, pour servir à l'instruction de la milice, jouira de la paie du grade qu'il acquerra et, au bout d'un an de bonne conduite, recevra la naturalisation et une concession correspondante à son grade dans le district du bataillon de milice auquel il sera attaché. Cette concession sera double, s'il épouse une citoyenne.

6° Tout bas-officier ou soldat qui aura rempli sans reproche deux termes de son engagement, c'est-à-dire qui aura accompli douze années de service dans l'armée de ligne, obtiendra de droit la naturalisation et une concession proportionnée à son grade, et il jouira en outre, à titre de pension, pendant sa vie, de la demi-solde du grade où il sera parvenu.

7° Tout bas-officier ou soldat qui aura rempli trois termes, c'est-à-dire qui aura servi dix-huit ans dans l'armée de ligne, outre la naturalisation et la concession, jouira pendant sa vie de la solde entière de son grade.

Par cette incorporation méritée par des services réels, le gouvernement fera évanouir le danger de la multiplicité des étrangers, attachera l'armée de ligne à la cause nationale et accroîtra la population d'une classe de citoyens utiles.

Une république naissante, placée isolément dans un hémisphère séparé du vieux continent, ne peut assurer la liberté à son existence nationale qu'en brisant les chaînes de la dépendance où la tiennent ses besoins sur les deux premières branches de la force sociale, l'armement et l'habillement. Le gouvernement d'une pareille nation doit travailler, dès le principe de son institution, fortement et sans relâche, à s'affranchir du honteux et dangereux tribut qu'il est forcé de payer à l'Europe sur les articles de ces deux premiers besoins.

Tous les gouvernemens de l'Europe ont cru devoir employer avec leurs colonies tous les moyens vexatoires, pour les tenir, par la nécessité la plus servile, dans la soumission envers leur métropole. C'est ainsi que la France avait prohibé, dans ses colonies à sucre, la culture des grains et du vin; c'est ainsi que l'Angleterre avait soumis ses vastes colonies de l'Amérique septentrionale à des impôts tyranniques, sans lui laisser aucune voie ouverte pour réclamer contre cette politique aussi absurde que mal calculée. Qu'en résulta-t-il? Saint-Domingue est devenue une anarchie noire, sous son ancien nom d'Haïti; l'Amérique septentrionale a formé une nation libre et florissante, sous le nom des États-Unis; les autres colonies hollandaises, suédoises, tenues dans le même état d'esclavage et de faiblesse par leurs métropoles, sont devenues la proie facile du premier occupant.

Mais aucun gouvernement de l'Europe n'a poussé aussi loin le système de basse jalousie et de despotisme destructif que l'Espagne, dévorée elle-même par la paresse, l'incapacité, la faiblesse, la perversité d'une cour qui absorbait toutes ses ressources, sans penser à les réparer, les soutenir, les augmenter. La nation espagnole, maîtresse des trésors de l'Amérique, est tombée, presque sans combat, sous les coups du plus perfide et du plus actif des envahisseurs, que la France subjuguée elle-même aida de toutes ses forces pour asservir l'Europe.

L'avenir couvre d'un voile sanglant la décision de la lutte inégale que le désespoir des braves Espagnols soutient avec plus de fureur que de succès. Dans cette crise plus alarmante que favorable, les colons espagnols de l'Amérique doivent déplorer les calamités de leurs frères d'Europe. Mais comme la première loi est le salut du peuple, leur premier devoir est de se mettre en état de ne pas être écrasés eux-mêmes sous la chute de la métropole; le second est de la secourir quand ils auront acquis une consistance, ou de pouvoir offrir un asile fortuné dans une terre de liberté, aux martyrs et aux défenseurs de leur primitive patrie, si leurs efforts sont impuissans pour la sauver de l'esclavage.

Les Américains espagnols ne doivent ni ne puvent oublier combien le gouvernement de la métropole était oppressif; combien il était contraire à la vivification de la culture, de la population, du commerce, des arts, de l'industrie, qui auraient élevé cette fertile contrée au plus haut degré de splendeur et de félicité, si le gouvernement absurde et coupable de la métropole n'avait pas pris les plus grands soins pour tenir l'apathie et la paresse des colons enveloppées des langes d'une enfance éternelle. Tous les vice-rois, gouverneurs, chefs des administrations civiles, ecclésiastiques, militaires, fidèles aux instructions d'un gouvernement faible et machiavélique, arrivaient d'Europe, imbus de ce système. Ils ne s'occupaient que du soin de s'enrichir et de perpétuer la nullité de ces précieuses colonies.

Voilà pourquoi, à l'époque où la scission avec le gouvernement de la métropole est devenue une mesure indispensable, à l'époque où l'esprit de liberté, d'accord avec la raison, appelle impérieusement les Américains à l'exercice de leurs droits naturels, ils se trouvent dépendans de l'Europe pour l'armement et l'habillement de leurs défenseurs.

C'est le premier joug dont le gouvernement doit nécessairement s'affranchir. Le tribut qu'il est obligé de payer sur cet objet de première nécessité aux États-Unis et à l'Angleterre, est trop dispendieux, trop arbitraire, trop hasardeux et trop servile. Son premier soin doit donc être de s'en délivrer, et de ne pas laisser dépendre la liberté et son existence nationale des caprices de la politique, ou de l'avarice des puissances étrangères.

Dans le premier instant, il est nécessaire d'en passer, sans marchander, par toutes les conditions qu'imposera la cupidité des nations étrangères, pour acquérir des armes. Il faut établir la concurrence entre ces nations, ne point s'arrêter au prix exorbitant des marchés, acheter des Américains unis, des Anglais, des Portugais du Brésil, surtout des *Polites*, tout ce que leur avarice les engage à vendre, soit par des contrats publics, soit par contrebande; c'est la loi de la nécessité.

Mais, en même temps, le gouvernement doit s'occuper essentiellement, et sans aucun délai, de trouver des moyens pour se passer de l'étranger pour son armement et son habillement. Toutes les matières premières de tous les genres existent sur le sol aussi varié qu'étendu de l'Amérique méridionale. Le fer, les cuirs, les bois, les laines, le coton, le chanvre, etc., sont des productions indigènes comme l'or et l'argent. Il s'agit de concentrer les dépôts de ces ressources dans des localités bien choisies, centrales, à l'abri de l'invasion des Portugais ou des Européens, et d'y établir des fonderies, des manufactures, des ateliers de toute espèce pour les objets qui entrent dans l'armement et l'habillement des troupes. C'est là que le génie créateur, animé par la liberté, doit s'élever à l'importance de cette entreprise, nécessaire à la force et au salut de la nouvelle république.

Le Paranna, en en assurant la navigation, est le débouché central et naturel de ce rassemblement et du transport de tous les besoins militaires dans la capitale, pour être distribués le long du fleuve de la Plata, seule partie attaquable. Cette grande rivière est centrale et partage du nord au sud tout le territoire : il est éloigné des frontières susceptibles d'invasion et couvert par deux grandes rivières, Paraguay et Uraguay, qui en éloignent tout danger de la part d'un ennemi extérieur. C'est sur les bords orientaux du Paranna, sur la rive droite, qu'il convient de placer de préférence ces fonderies et manufactures, ces ateliers si nécessaires pour l'affranchir du prix et de la politique tortueuse des Européens.

J'ai indiqué, dans la partie géographique, au premier coup d'œil des cartes, Rosario au confluent du Saladillo et du Paranna, comme un des grands établissemens; mais peut-être cette localité ne convient pas, d'ailleurs il est nécessaire de les multiplier et de les diviser en plusieurs genres de fabrique, pour éviter l'encombrement et la confusion, et pour favoriser en même temps la population par la création de nouvelles peuplades. Il faut donc examiner scrupuleusement si, en dessus ou en dessous de Rosario, sur le Paranna, San-Miguel, San-Nicola, Obligado, Baradero, Conchas offriraient des localités convenables, et la ressource de la navigation pour ces établissemens.

Le directeur de la guerre doit être chargé, par le conseil d'état, d'envoyer sur les lieux des officiers supérieurs du génie et de l'artillerie, qui lui remettront des cartes topographiques de toute cette côte orientale jusqu'à San-Miguel, avec les cartes nautiques, des sondes, et les mémoires, plans et devis de ces nouveaux établissemens; il les vérifiera lui-même, et il les présentera dans le plus court délai possible, pour que le gouvernement choisisse celui ou ceux qu'il trouvera plus avantageux.

Le directeur-général se procurera en même temps, dans les cinq provinces, des listes des maîtres et des ouvriers des différens arts qui doivent concourir à ces grands établissemens. Cette recherche se fera avec l'aide du ministre de l'intérieur et des diverses municipalités. Alors on travaillera promptement et sans relâche à ces grands établissemens. On y transplantera volontairement ces maîtres et les ouvriers de ces différens arts, en les indemnisant, avec un grand avantage, des propriétés ou accomodemens qu'ils auront abandonnés dans leurs provinces respectives.

On tirera d'abord de l'armée de ligne tous les maîtres et ouvriers de ces arts et tous les étrangers de professions analogues, qu'on attirera de l'Europe, par l'appât de l'indigénat et des concessions avantageuses qui les attacheront à cette nouvelle patrie, par la propriété et les droits de citoyen dans un pays libre et tranquille.

Telles sont, à peu près, toutes les conditions

nécessaires pour donner à la république un état militaire respectable, sans être dangereux à sa constitution. Les développemens de détail seront l'objet de plusieurs mémoires séparés, qui ne peuvent être composés que sur les lieux.

SECONDE SECTION.

MILICE.

Dans tout état bien constitué, quelle que soit la forme de son gouvernement, tout citoyen doit son secours personnel à la patrie, quand elle est menacée ou envahie par une force supérieure. Alors l'armement est général; la nation entière se lève en masse, mais presque toujours infructueusement, parce que le zèle, plus même il est ardent, n'est pas soutenu par l'ordre, pour bien organiser cette force, ni par la prudence pour combiner la levée sur la proportion de la population, et sur les besoins de l'agriculture, les vraies bases de la force de l'état.

Une milice régulière, bien proportionnée sur la population, remédie aux inconvéniens de la levée en masse toujours faible, indisciplinée, turbulente, et très-dispendieuse. Pour établir la proportion de la population pour la levée de la milice, prenons un exemple.

Supposons la population (que je ne connais

point du tout) des cinq immenses provinces de la nouvelle république, de douze cent mille hommes. Il faut d'abord en retrancher les deux tiers pour les vieillards, les femmes, les enfans, les impotens; il restera quatre cent mille hommes depuis dix-sept ans jusqu'à soixante en état de porter les armes. Il faut retrancher de ces 400 mille hommes les pères de famille, les ecclésiastiques, les fonctionnaires publics, les marins, les négocians, les voyageurs, les hommes employés aux mines, ou à la tête des grands établissemens, enfin les nobles. Il ne restera plus que 200 mille hommes, ou le sixième de la population, pour remplir la milice.

Ainsi la règle générale est que la milice doit être fournie par le sixième de la population, mais jamais levée toute à la fois, à moins de très-grandes calamités et d'un danger très-imminent, auquel cas tous les citoyens, sans distinction d'âge et de rang, doivent accourir au secours de la patrie, se ranger sous les drapeaux réguliers de sa force militaire, et vaincre ou mourir pour la liberté et pour la constitution nationale. Ce cas extrême est très-rare partout, et ne peut jamais être celui de la république, qui ne court pas le risque d'être attaquée par plusieurs côtés à la fois, et qui n'aura jamais à combattre des armées hors de la proportion des forces qu'elle peut leur opposer sur ses extrêmes frontières.

Les 200 mille hommes sur lesquels elle doit établir la création et le tirage de la milice n'étant pas nécessaires tous à la fois, on peut fixer la formation et le tirage de la milice à dix hommes sur cent, ce qui produira vingt mille miliciens. Un second tirage pareil ne pourra avoir lieu que dans le cas d'une nécessité absolue et urgente, et ainsi des autres successivement, ce qui donnerait dix tirages pour épuiser la force armée de la population, et employer les 200 mille hommes qui en sont susceptibles, sur une population de 1,200 mille hommes.

Si, comme je le présume, la population surpasse le double de cette proportion sur laquelle j'ai établi mon calcul, ne levant par tirage que 20 mille hommes, le nombre des 200 mille hommes susceptibles de ce service étant doublé, le tirage ne tombera plus que sur le vingtième homme, ce qui est une charge très-légère, et cette charge diminuera progressivement à mesure de l'augmentation de la population.

Pour assurer cette proportion il est nécessaire que le gouvernement envoie promptement, dans les cinq provinces, les ordres aux gouverneurs et aux autorités des provinces et des districts qui les composent, pour faire un recensement exact de tous les habitans. Ces listes de recensement, bien spécifiées par paroisses, lui seront renvoyées bien imprimées, divisées par colonnes, dont voici à peu près le modèle que le gouvernement enverra dans chaque province.

Dénombrement de la population.

Province de.....
District de.....

1re classe. Vieillards au dessous de soixante ans.....

2°. Femmes et filles.....

3°. Enfans mâles au dessous de seize ans.....

4°. Ecclésiastiques.....

5°. Nobles.....

6°. Privilégiés, fonctionnaires publics.....

7°. Pères de famille.....

8°. Chefs et commis des manufactures et grands ateliers.....

9°. Directeurs, commis et principaux ouvriers des mines.....

10°. Jeunes gens et hommes faits, susceptibles du tirage, depuis seize ans jusqu'à soixante.....

Les trois premières classes, non seulement n'entreront en rien dans le tirage de la milice, mais ne pourront être soumises à aucun impôt ou contribution volontaire pour cet objet.

Les six autres classes ne doivent pas être exemptes du service militaire. La quatrième classe, celle des ecclésiastiques, ne devant pas être assujettie au service personnel, contribuera avec les cinq classes suivantes à la dépense du service personnel des cinq classes, par un impôt de remplacement du service de ces cinq classes.

Volontaires, cavalerie, artillerie.

Les classes n°s 5, 6, 7, 8 et 9 seront nécessairement excitées par l'esprit de patriotisme et par l'amour de la liberté, encouragées par l'invitation et l'exemple du gouvernement à s'offrir pour un service volontaire qui leur sera particulièrement destiné dans chaque province.

Il sera formé dans chaque province, de leur propre corps, quatre compagnies de lanciers formant un escadron, dans le genre des quintas qui étaient établies en Andalousie, Murcie et Grenade, pour défendre les côtes contre les Barbaresques. Chaque compagnie sera formée comme celles de la cavalerie de ligne et chaque escadron commandé par un lieutenant-colonel et deux aides-majors. Total de chaque escadron, 227 hommes de combat.

Ils leveront aussi parmi eux une compagnie d'artillerie à cheval par province, semblable en tout à celles de ligne. Le gouvernement attachera à chacune de ces compagnies trois pièces de 4 livres de balles et un obusier, qui serviront à leur instruction pendant leur mois de rassemblement annuel et qu'ils mèneront avec eux à la guerre.

Chaque escadron de cavalerie provinciale se rassemblera aussi un mois chaque année, pendant la paix, ou par escadron entier, où par compagnies, dans les différens districts, si les distances sont trop considérables, pour être exercés aux manœuvres de leur arme. La province de Buenos-Ayres ayant une population plus considérable que les autres, levera deux escadrons de lanciers et deux d'artillerie. Ces six escadrons donneront une augmentation pour l'armée de 1,362 hommes de cavalerie. Les six compagnies de canonniers volontaires donneront une augmentation de 312 hommes et 24 bouches à feu à l'artillerie de l'armée.

La dépense de la levée des hommes, des chevaux, leur entretien, leurs fournitures de toute espèce, le remplacement, la remonte pour les escadrons et pour les compagnies d'artillerie volontaire, sera payée par une contribution volontaire sur les classes 4, 5, 6, 7, 8 et 9 de la population, exemptes du tirage de la milice. Lorsque ces corps marcheront à l'armée, tous les frais retomberont sur la caisse militaire de la république.

Organisation de la milice.

Dès que le tirage des vingt mille hommes sera exécuté, en vertu de la loi pour la milice, ils seront organisés en bataillons. Chaque bataillon sera composé comme ceux de l'infanterie de ligne, de deux compagnies de chasseurs au lieu de grenadiers, le service des chasseurs étant plus analogue au genre de guerre de ces contrées, et en douze compagnies de fusiliers. Ces compagnies seront entièrement pareilles en grades, en nombre, en armement et habillement, à celles de l'infanterie de ligne, pour établir plus promptement et plus sûrement l'uniformité de régime, de service, de manœuvres, lorsque les bataillons se joindront à l'armée de ligne.

L'état-major de chaque bataillon sera composé d'un lieutenant-colonel, un major et deux aides-majors, un aumônier, un chirurgien-major, un aide-chirurgien, un vaguemestre : total huit hommes. Chaque compagnie de chasseurs et de fusiliers, 52 hommes. Ainsi, la force de chaque bataillon, compris l'état-major, montera à 736 hommes, et vingt-cinq bataillons pris sur la totalité des vingt mille hommes, emploieront 17,500 miliciens. Il restera un excédant de 2,500 hommes destinés au remplacement dans les vingt-cinq bataillons. Cet état de milice paraît suffisant même en temps de guerre. On ne prévoit pas qu'on puisse être forcé d'en revenir au second tirage pour doubler ce nombre.

Inspection des milices dans les provinces.

Pour parvenir au recensement exact de la population et pour organiser régulièrement la levée, la formation et l'entretien des milices, le gouvernement placera dans chaque province un maréchal-de-camp avec titre d'inspecteur, et dans chaque district, un colonel ou lieutenant-colonel sous ses ordres, avec titre de sous-inspecteur, ainsi qu'un commissaire ordonnateur des guerres, et un commissaire ordinaire dans chaque district pour dresser les rôles, former les bataillons, passer les revues des hommes et des chevaux des lanciers, des canonniers et de la milice ; veiller sur les dépôts des armes et de l'habillement, etc.

Mois de rassemblement.

Pendant un mois de chaque année, les volontaires et la milice seront assemblés, ou au point central de chaque province, ou, si les distances sont trop considérables, au moins au point central de chaque district, sous les ordres de l'inspecteur. On choisira dans chaque province le mois le plus convenable au climat, et le moins nécessaire aux travaux de la culture. Ils y seront exercés au maniement des armes et aux évolutions du service convenable à leur composition.

Solde, armement, discipline, habillement.

Les volontaires et les milices jouiront, pendant le mois de rassemblement, de la même solde que l'armée de ligne, et leur marche pour arriver et leur retour chez eux, seront défrayés aux dépens des fonds de la guerre. La solde, pendant ce mois d'assemblée et pendant la guerre, sera la même dans la proportion de chaque arme. L'armement aussi sera fourni sur les mêmes fonds.

Dès que les milices seront assemblées sous les drapeaux, elles seront assujetties aux mêmes ordonnances que l'armée de ligne. Il y aura un drapeau par bataillon, qui sera porté par un bas-officier choisi, et un étendard par escadron.

L'habillement des volontaires et des milices sera absolument semblable à celui des troupes de ligne, chacun selon son arme. Pour que l'uniformité soit complète dans toute l'armée, on ne permettra jamais qu'on puisse enjoliver l'habillement ou l'armement par des ornemens d'or et d'argent. Une simple uniformité est essentielle en tout ; la pompe d'une armée républicaine doit être plus sévère que brillante. J'ai vu les officiers des armées prussiennes et suédoises, couverts de broderies, de galons et de plumes. Ce luxe de parure formait un contraste choquant avec la simplicité mesquine du soldat. Ces armées ne valaient déjà plus rien. La seule différence qu'il y aura entre la cavalerie de ligne et la volontaire, sera qu'on armera cette dernière d'une lance terminée par un fer pareil à celui qu'on emploie avec tant d'adresse à la chasse des taureaux sauvages.

Instruction, Écoles militaires.

Quoique les volontaires et les milices soient assez régulièrement instruits aux exercices et aux évolutions de l'armée de ligne, pour ne pas être entièrement neufs lorsqu'ils seront dans le cas de joindre l'armée sur les frontières, on doit s'attendre que les officiers de cette cavalerie, de cette artillerie, de cette infanterie auront long-temps plus de zèle que d'instruction.

Ce défaut disparaîtra par la pratique dès la troisième année, au moyen du rassemblement annuel. Mais, pour hâter cette instruction en joignant la théorie à la pratique, il sera convenable d'établir, dans la capitale de chaque province, une école militaire où on enseignera aux jeunes gens la géométrie, le dessin, l'équitation, les manœuvres de l'infanterie, de la cavalerie et de l'artillerie. On pourra même multiplier ces écoles dans les principales villes des districts trop éloignés de leur capitale.

Le général inspecteur et les sous-inspecteurs surveilleront ces établissemens conjointement avec les magistrats des villes où ils seront placés, et en rendront compte au gouvernement, pour calculer les progrès de cette utile institution.

Instruction détaillée du milicien.

Pendant toute l'année, dans chaque ville, village, paroisse de chaque district, on assemblera les miliciens tous les jours de fête et les dimanches, après l'office divin, sous la présidence des magistrats. Ils seront exercés, par leurs officiers et bas-officiers, au maniement des armes et au tir. Les magistrats feront sortir du magasin de la paroisse les armes et les munitions nécessaires; ils assisteront à ces jeux publics qu'on cherchera à rendre attrayans autant qu'instructifs. On leur enseignera aussi à manier et démonter leurs armes, à les nettoyer pièce à pièce; enfin on les excitera par l'émulation et par de petites récompenses, en les faisant tirer tous les dimanches de chaque mois au blanc, avec des cartouches à balle, qu'on leur apprendra à faire eux-mêmes. Chaque paroisse, surtout dans les premiers temps de ces jeux militaires, sera assez animée par le patriotisme et l'amour de la liberté, pour fonder quelques prix plus honorables que dispendieux, pour récompenser l'adresse et le zèle.

Ce n'est pas aux seuls bataillons de la milice que s'étendra cette instruction de détail; tous les jeunes gens et hommes faits, susceptibles du service militaire et assujettis au tirage, seront dressés dans toutes les paroisses au maniement du fusil, pour y être familiarisés d'avance. Cette institution existe de temps immémorial dans le Tyrol. Dès qu'un enfant est en état de manier une arme à feu, il est exercé tous les dimanches et fêtes, par ses parens, à tirer au blanc. C'est ce qui a produit cette race de guerriers indomptables qui a tant de fois battu les armées de France et de Bavière, qui a défendu si héroïquement sa liberté, et qui n'a été soumise que lorsqu'elle a été abandonnée, vendue, trahie par son propre souverain.

Lorsque j'ai été consulté, il y a un an, sur

les moyens de défense de la Sicile *, j'ai donné au roi de Naples, Ferdinand IV, le conseil d'établir ce régime d'instruction militaire dans toutes les paroisses de cette île, pour former en peu de temps de bons soldats de toute la population de la Sicile.

Dans l'Amérique du sud, une fois cette institution établie, profitant pour sa défense des grandes rivières qui coupent en tous sens ses diverses parties, il serait impossible aux armées les plus aguerries de l'Europe d'y pénétrer avec succès. Plus les citoyens sont habitués, dès l'enfance, aux armes à feu, moins on a besoin de grandes et dispendieuses armées pour la défense de la patrie. Une nation libre, pour acquérir, conserver, faire respecter son indépendance, doit devenir toute militaire. En Angleterre, en Danemarck, en Suède, chaque citoyen a son fusil chez lui, il l'entretient et il en répond au gouvernement, s'il ne l'a pas en propriété. Il n'y a que les tyrans et les despotes qui tremblent en voyant leurs sujets armés **.

* C'est le duc d'Orléans, qui était à Palerme, qui demanda et obtint ce travail. C'est un des nombreux écrits qui sont perdus pour toujours.

** Avis au gouvernement paternel de notre choix, qui licencie nos gardes nationales. L.

Temps de service de la milice.

Le temps de service exigé de chaque homme, dans la milice, sera de six ans, comme dans les troupes de ligne. Sur le premier tirage de vingt mille hommes, à la fin de la troisième année, un quart, ou cinq mille hommes, auront leur congé, et cinq mille nouveaux miliciens seront tirés pour les remplacer, et ensuite, d'année en année, pour les tenir toujours complets. Les officiers seuls resteront, étant exceptés du tirage; mais ils seront maîtres de donner leur démission en la motivant sur des raisons valables. Le quart remplaçant prendra la queue dans chaque compagnie. Cette forme de levée et de remplacement sera perpétuelle, pour que chacun y passe à son tour, et que, cependant, l'esprit et l'instruction se conservent dans le corps entier, ce qui ne pourrait pas exister si le remplacement n'était pas successif.

Service de guerre de la milice en brigades.

Le service militaire sera le même en temps de paix et en temps de guerre que celui de l'armée de ligne. Dès qu'on rassemblera les vingt-cinq bataillons pour aller joindre l'armée, on en formera cinq brigades, de cinq bataillons chacune. Chaque brigade, forte de quatre bataillons, joindra l'armée, le cinquième restera dans un dépôt en arrière, et on y joindra les deux mille hommes de supplément du premier tirage, ce qui formera un dépôt de cinq bataillons, et 2,000 hommes de réserve, distribués en 40 compagnies détachées, dix attachées à chacun de ces cinq bataillons. Ce dépôt servira pour exercer les recrues, remplacer et compléter les brigades, et les renforcer en entier, en cas de besoin.

Telles sont les bases principales sur lesquelles le gouvernement peut fonder la constitution de la milice, et faire rédiger les ordonnances et les réglemens relatifs à sa levée, à son licenciement progressif, à son instruction, à sa discipline, et au service en temps de paix, dans ses districts respectifs, et à son service de guerre, quand elle ira joindre l'armée de ligne pour défendre les frontières de l'état.

TABLEAU DE LA FORCE ARMÉE DE LA RÉPUBLIQUE.

Infanterie.		Cavalerie.		Artillerie.	
25 Bataillons de milice.	20,000	6 Escadrons de lanciers.	1,362	6 Compag. d'artillerie	312
8 Bataillons d'infanterie de ligne.	5,936	8 Escadrons de ligne.	2,834	20 Compag. d'artillerie.	1,172
	25,936		4,196		1,484

Total . . . . 31,616 hommes.

Une pareille armée est plus que suffisante pour défendre l'unique frontière attaquable et le Rio-de-la-Plata. En même temps elle n'est pas assez forte pour donner à la nouvelle république la tentation de devenir conquérante.

TROISIÈME SECTION.

MARINE.

Sous ce titre je ne comprends que la force navale armée, destinée à défendre la rivière de la Plata et ses deux côtes du nord et du sud, les seuls points attaquables par des troupes parties, ou d'Europe, ou du cap de Bonne-Espérance, ou des ports du Brésil, pour tenter un débarquement, soit pour pénétrer jusqu'à Buenos-Ayres, comme par le passé, soit pour s'emparer des deux stations navales de Maldonado et Montevideo, afin d'être maîtres de la navigation du fleuve, en s'y établissant à poste fixe, soit pour s'établir pareillement à la Colonia del Sacramento et aux îles San-Gabriel, pour couper la communication entre Buenos-Ayres et les districts du nord du fleuve, et leur fermer la navigation du Paranna et du Paraguay, tenir ainsi la capitale et toutes les provinces de l'intérieur en détresse, et les faire dépendre, pour leurs premiers besoins et pour le débouché de leur commerce, de la puissance en possession de Maldonado et San-Gabriel, qui y aurait une station permanente de ses forces navales.

Maldonado, étant plus éloigné, à l'embouchure et même en dehors du fleuve, ne remplirait pas tout seul le projet d'en dominer la navigation. Mais Montevideo est d'une telle importance qu'il doit être considéré comme la clef de la navigation du fleuve. Tous les citoyens de la république ne peuvent se regarder comme un peuple libre que lorsqu'ils auront pris tous les moyens de s'en assurer la possession perpétuelle, par le concours de toutes leurs forces de terre et de mer. Il faut, sur cet objet, se borner aux mesures défensives, mais ne rien négliger pour assurer une défense insurmontable.

D'ici à plus d'un siècle, la république ne peut pas penser à posséder des vaisseaux de ligne et de grosses frégates; à aventurer son pavillon sur les mers, au-delà de son fleuve. Elle a besoin de conserver sa population entière dans son sein, pour l'augmenter et la rendre proportionnée à la culture de son vaste et riche territoire. Ce ne sera que lorsqu'elle sera parvenue à une surabondance de population, excédant les besoins de la culture de son sol, qu'elle pourra livrer cet excédant de population aux hasards de la mer et aux vices et calamités qu'entraîne une marine même uniquement marchande. Celle-ci, sans protection, est la victime de l'injustice et des insultes des puissances maritimes, elle entraîne donc une marine de guerre pour la défendre; cette marine militaire épuise toutes les ressources du commerce, ruine l'état, et l'une et l'autre dévorent la population.

La nouvelle république, n'ayant qu'un seul bon port, placé encore loin de la mer, au centre d'une rivière dont la navigation est difficile et dangereuse, ne possédant aucune côte sur la mer où elle puisse établir un port de guerre, entreprise très-dispendieuse et dont la difficile confection exige au moins un demi-siècle, après de longues années et des travaux immenses qui lui attireraient la jalousie des puissances maritimes et des guerres ruineuses, ne pourrait opposer à la plus faible de ces puissances qu'une force infiniment inférieure et méprisable.

La nature a refusé à la république les ressources pour devenir une puissance maritime. La prudence et la sagesse lui prescrivent de ne pas même tenter de se donner une marine marchande. Son vaste territoire demande tous ses bras, et en occuperait, en nourrirait quarante fois davantage. Qu'elle multiplie, qu'elle cultve son riche sol, qu'elle porte son industrie, son ambition, même sa cupidité, à multiplier ses manufactures, à se mettre en état de se passer de l'Europe. Elle n'aura jamais besoin d'une marine marchande pour exporter ses productions chez les Européens. Ils viendront eux-mêmes les chercher à Buenos-Ayres, qui deviendra le marché universel, le Londres de l'Amérique, le brillant *Emporium* des deux continens.

La république n'a réellement besoin que d'une flottille pour défendre la navigation du fleuve, qui, en le remontant au dessus de Montevideo, ne peut être navigué, et par conséquent dominé que par une flottille pareille. C'est cette flottille qu'il faut établir avec le plus grand soin et la plus grande célérité possible. Aucune puissance maritime ne peut établir une croisière de vaisseaux de haut bord dans le Rio-de-la-Plata, si elle n'est pas maîtresse du port de Montevideo, pour sa relâche et ses besoins de toute espèce. Montevideo est la clef de l'attaque et de la défense du Rio-de-la-Plata. Il faut donc réunir dans ce point, si éminemment important pour l'art, toutes les forces de la république, pour s'en assurer la possession perpétuelle.

A ne considérer Montevideo que sous le point de vue naval, il doit être le chef-lieu du département de la marine. Il doit renfermer les ateliers et les chantiers de construction, tous les arsenaux et magasins d'armement et d'équippement de la petite marine militaire, destinée, conjointement avec l'armée de terre, à défendre les deux côtes du fleuve contre une invasion.

Les îles San-Gabriel sont le deuxième port de cette marine armée. Il faut y établir des magasins suffisans pour sa réparation et pour tous les besoins de sa relâche; car c'est une station où elle sera souvent obligée de se rendre pour protéger la navigation du Paraguay et du Paranna.

Maldonado est le troisième établissement de cette marine armée. Je n'en parlerai pas ici, jusqu'à ce que les intérêts politiques aient résolu la grande question, savoir, s'il est nécessaire et avantageux d'en céder la propriété, ou au moins la possession, à l'Angleterre pour s'assurer son alliance, ou si l'on peut se dispenser de l'aliéner.

L'insolent blocus que les rebelles de Montevideo ont osé établir devant Buenos-Ayres, démontre la nécessité d'entretenir une marine armée, toujours subsistante, pour éviter que ce cas se reproduise jamais. Cette marine, sans être trop forte, doit être suffisante pour exiger un grand armement de la part d'un ennemi étranger.

Je crois qu'on peut la fixer à quatre frégates de 24 à 32 canons ; à dix-huit chaloupes canonnières ; à huit barques armées de canons de moindre calibre, destinées à remonter dans le bas des rivières de Paraguay et de Paranna, assez haut pour assurer leur navigation. Tous ces bâtimens doivent être le plus légers et tirer le moins d'eau possible, à cause des bancs et des bas-fonds qui rendent la navigation du fleuve difficile et dangereuse, surtout au dessus de Montevideo.

Les quatre grands bâtimens et dix des chaloupes canonnières doivent avoir constamment leur établissement à Montevideo, et former la grande escadre. La seconde, formée de huit chaloupes canonnières et des huit barques armées, doit être établie à poste fixe, à la Colonia, sous les îles San-Gabriel ; où l'on construira des formes et des hangars pour les mettre à l'abri contre l'inclémence des saisons. On ajoutera à ces bâtimens des fausses quilles, une de chaque côté, pour qu'en s'engravant ils puissent se tenir debout sans se renverser sur le côté, être déchargés, enlevés avec des *chameaux* et des tonnes adaptées à cet effet.

On tiendra en tout temps de ces *chameaux* et de ces tonnes dans le port de San-Gabriel et au mouillage de Baragan, pour cet usage, non-seulement pour les vaisseaux armés, mais aussi pour les vaisseaux marchands de toutes les nations que le commerce amène dans ces parages dangereux.

On entretiendra en outre quatre avisos ou bateaux de poste armés, dont un à Maldonado, deux à Montevideo, un à San-Gabriel, pour communiquer continuellement entre ces trois stations, et annoncer au gouvernement tout ce qui se passera de nouveau dans le fleuve.

Je n'entre pas dans le détail de cette marine, ni sur le nombre ni sur le calibre des canons, ni sur les parties de son armement, équipement, etc. Elle sera dirigée par un amiral et deux chefs d'escadre, un intendant et le nombre de commissaires de marine nécessaire.

Si la république conserve Maldonado, le gouvernement fera une autre répartition de sa force navale, pour y établir un troisième département de marine.

Cette maxime est suffisante pour la protection de la navigation du fleuve, l'unique point de son intérêt naval. Puisse la république conserver long-temps la sagesse et le bonheur de ne pas porter plus haut sa force et ses prétentions sur la mer.

Observations et additions.

Dans les trois premières sections, je n'ai point spécifié la solde des différens grades et diverses armes de l'armée de ligne, des volontaires et de la milice ; elle doit être proportionnée au montant du tiers des revenus de la république destinés à faire face aux dépenses de son état militaire; elle doit l'être aussi au prix des comestibles et de tous les besoins des soldats. Chez une nation qui veut conquérir et assurer sa liberté, l'état de l'homme de guerre doit être honorable et aisé sans être riche, ce qui l'amollirait.

Je n'ai pas non plus fixé le nombre et la solde de la flotte ; telle qu'elle est proposée, elle doit employer de 4 à 5 mille hommes, tant en équipages qu'en employés et ouvriers attachés à chaque port, officiers de plume, gardes-magasins, constructeurs, calfats, voiliers, forgerons, charpentiers, etc. On peut acheter les frégates et les corvettes toutes construites aux États-Unis ou en Europe pour modèle, ou faire venir des constructeurs américains ou européens, qu'on attachera au département de la marine, pour dresser et instruire ceux de la république, qui, en outre, établira à Montevideo une école de marine.

Les six compagnies de l'artillerie volontaire étant à pied, seront employées dans les places fortes en temps de guerre; mais le gouvernement peut en tirer un service bien plus utile en les montant, pour les assimiler aux quatre compagnies d'artillerie à cheval de l'armée de ligne, et les employant comme artillerie volante avec les chasseurs de la milice et les escadrons de lanciers.

Cette dépense n'est pas considérable; elle n'exige que 60 à 70 chevaux par compagnie, total pour les 6 compagnies, 400 à 420, que le gouvernement achèterait six mois avant la guerre, entretiendrait et répartirait dans chaque province. Six mois avant la guerre on rassemblerait ces compagnies chacune dans le chef-lieu de la province, on les y exercerait aux manœuvres de l'artillerie à cheval, elles arriveraient à l'armée toutes dressées.

Dès que la guerre sera annoncée ou déclarée, on prendra dans chaque province un second tirage de 20 mille hommes, pour assurer les remplacemens. Le gouvernement leur fournira les armes et l'habillement. Ils resteront chacun dans leurs districts, prêt à marcher, et ils y seront assujettis au mois de rassemblement et d'instruction, par compagnies; pendant ce mois, le gouvernement leur paiera leur solde et pourvoira à leur nourriture, déduite sur la retenue prescrite sur leur solde pour cet objet.

J'ai dit que, dès que la guerre sera déclarée, les 20 mille hommes miliciens du premier tirage seront rassemblés pour remplir régulièrement le service des troupes de ligne et se réunir à l'armée. Comme cette armée est partagée en deux divisions, Nord et Sud, par le cours du fleuve, on fixera le point de rassemblement de 8 mille hommes de milices attachés à la division du Nord, à la colonie de Sacramento.

Dans ce rassemblement, ces 8 milles hommes, partis de leurs provinces, formés en compagnies, seront organisés en bataillons, dont on formera deux brigades chacune de cinq bataillons. On choisira pour commander chaque brigade un des officiers supérieurs sous-inspecteurs des provinces, avec le titre de brigadier-général. On nommera le plus ancien des quatorze capitaines formant le bataillon, lieutenant-colonel pour commander le bataillon. Le reste de l'état-major de chaque brigade sera composé d'un major, de cinq aides-majors, un aumônier, un chirurgien-major, cinq aides-chirurgiens, etc.

Les deux brigades de la division du Nord seront commandées par un des maréchaux de camp inspecteurs de la milice dans les cinq provinces. Cependant, pour que l'inspection ne reste pas vacante, le gouvernement fera une promotion, pour remplacer les inspecteurs et sous-inspecteurs, d'officiers du même grade, de la province même, autant que cela se pourra ; il remplacera pareillement les capitaines promus au grade de lieutenant-colonel, pour commander les vingt bataillons des quatre brigades à la guerre : on verra ci-après l'emploi des 4,000 hommes restans.

Les 8 mille hommes destinés à former les deux brigades de l'armée du Sud seront rassemblés de même dans un lieu choisi près de

Buenos-Ayres, pour y être organisés de même en deux brigades; au bout d'un mois cette organisation sera parfaitement complète, sous les yeux et inspection des deux lieutenans-généraux commandant les deux divisions du Nord et du Sud de l'armée de ligne; et ces quatre brigades, bien organisées, seront en état d'entrer en campagne.

QUATRIÈME SECTION.

SYSTÈME DE GUERRE DÉFENSIVE.

Comme la paix est la base du bonheur et de la richesse d'une nation agricole, surtout quand elle possède un territoire qui demande quarante fois plus d'habitans qu'elle ne peut en fournir pour le mettre en valeur ; comme une république naissante, loin des agitations de l'Europe, doit être long-temps exempte de la dévorante ambition de conquérir, on ne doit pas établir son système militaire sur la base de la guerre offensive, mais seulement sur celle de la guerre défensive, en état de faire respecter les frontières et de repousser les attaques qui menaceraient l'intégrité de son existence sociale comme nation libre.

La situation géographique de cette république favorise le système prudent et philanthropique que son gouvernement doit adopter pour base de la force physique et morale, et du bonheur de la nation.

Au nord, la grande lagune de Xarayes la sépare du gouvernement portugais de Matagrosso ; cette lagune inépuisable qui inonde un terrain immense entre le Rio-San-Miguel et le Rio-Grande, cette masse diluvienne est une bonne barrière de ce côté, que les possesseurs de Matagrosso ne peuvent jamais tenter de franchir en corps d'armée ; ils doivent bien plutôt craindre qu'en cas de guerre les habitans du Paraguay ne la franchissent eux-mêmes ne et fassent une invasion pour détruire ou occuper leurs riches mines. D'ailleurs, si la cour du Brésil se livrait au projet d'une invasion au delà de ces inondations, elle ferait peu de progrès dans une contrée encore presque inconnue, coupée par des montagnes, par des forêts immenses et impénétrables, des rivières sans nombre, des grands lacs, n'offrant que des hameaux isolés, habités par une population encore à demi sauvage. Ainsi, de ce côté, il y a peu ou point de danger pour la république.

Au nord-est, la province de Quito et le Pérou ont le même intérêt que l'état de Buenos-Ayres, la même passion pour la liberté, le même désir de secouer le joug de la métropole, les mêmes vues politiques et de plus la barrière insurmontable des Andes pour le passage d'une armée. Ainsi, quand même la politique de l'Europe parviendrait à égarer les Péruviens et à établir la discorde entre eux et la nouvelle république, il n'y aurait à craindre de ce côté aucune tentative contre sa liberté, dès que son état militaire sera solidement établi. On ne peut craindre aucune grande guerre sur cette frontière qui ne présente qu'une route difficile, dans les montagnes, pour le commerce et la communication entre les deux états, et ne leur laisse aucun moyen de conquête ou de grande invasion mutuelle.

Il est au contraire à présumer que le nouveau gouvernement qui s'établirait dans la grande province de Quito, soit dépendant, soit séparé de celui de Lima, deviendrait l'allié naturel de la république contre la cour du Brésil, soit par haine nationale, soit par leur intérêt commun de soutenir leur émancipation contre l'Espagne et contre le reste de l'Europe.

A l'est, le Chili borne dans toute sa longueur les deux provinces de Las Charcas et de Cuyo. Les dispositions des deux peuples sont les mêmes, et les intérêts du commerce sont communs, au point qu'il est à présumer qu'un jour les deux états se joindront, soit par incorporation, soit par fédéralité; mais dans tous les cas, les Chiliens seront toujours les alliés et les frères de la nouvelle république.

Au midi, la république peuplera un jour les immenses plaines abandonnées aux bestiaux sauvages, qui s'étendent entre le Rio-de-la-Plata et le Rio-Colorado. Cette dernière rivière deviendra dans un ou deux siècles la limite méridionale. Alors les grandes plantations qui s'y éleveront par les nouvelles colonies, formeront un abri qui, en coupant le courant d'air, diminuera les ravages et les malignes influences du *pampero* et ajouteront une constante salubrité aux autres avantages de la brillante capitale de ce vaste empire. Dans l'état actuel la république n'a rien à craindre des hordes sauvages qui errent dans cette vaste contrée déserte et inculte.

La république n'est vraiment susceptible d'attaque et d'invasion étrangère que par sa frontière occidentale entre l'Uraguay et le Rio-de-la-Plata, du nord au sud. C'est là le vrai théâtre des guerres qu'elle peut avoir à soutenir, surtout dans le principe de sa fondation.

La cour du Brésil, malgré son inquiète ambition, ne peut pas l'attaquer seule. Elle ne l'oserait pas sans être incitée et stimulée, ou secrètement ou ouvertement, par l'Angleterre; si elle s'y hasardait sans être soutenue par cette puissance, elle succomberait très-vite dans cette lutte inégale; elle aurait même contre elle la terrible chance de voir plusieurs de ses provinces se démembrer à l'exemple séduisant de la république, et à la suggestion de son gouvernement, qui, pour sa propre défense, emploierait toute sa politique à faire éclater les idées de liberté déjà répandues dans les provinces frontières, dont les habitans peu dociles ne demanderaient pas mieux, sous la protection de la république, que de se déclarer indépendans, et de s'affranchir du joug du gouvernement portugais, qu'ils ont toujours supporté impatiemment. Tel serait le résultat probable d'une guerre d'agression de la cour du Brésil seule contre la république.

Elle n'a donc à craindre que la réunion de ces deux puissances contre elle. Elles peuvent lui faire la guerre sous trois prétextes, 1° pour favoriser les prétentions de la princesse Charlotte sur la régence de la totalité de la vice-royauté de Buenos-Ayres, tout le temps que dureront la captivité de Ferdinand VII et la tyrannie des Français sur la péninsule des Espagnes; 2° pour conquérir, pour la cour de Brésil, toute la rive septentrionale du fleuve, sous le prétexte de son ancienne possession de la Colonia-del-Sacramento, gagnée et perdue par des traités; et celle du Paraguay, en réveillant les chicanes toujours subsistantes sur les limites. Le cabinet anglais pourrait être entraîné à adopter ce système hostile contre la république, dans l'espoir d'acquérir Montevideo, et de se rendre maître, par cette station navale, de la navigation de la Plata, et aussi par le désir de se venger des mortifians désastres de ses deux expéditions; 3° si les affaires de l'Espagne et du Portugal prennent une tournure favorable, le cabinet anglais se croirait peut-être obligé de soutenir les droits de la régence d'Espagne contre l'insurrection de l'Amérique, et d'engager la cour de Brésil, pareillement alliée de cette faible régence, à joindre ses efforts pour faire rentrer dans la soumission des sujets *révoltés* ; bien entendu que l'Angleterre y gagnerait la propriété de Montevideo, et que la cour de Brésil gagnerait aussi quelque territoire sur la rive septentrionale de la Plata et dans le Paraguay, pour indemnité des frais de la guerre.

Si cette guerre avait lieu, le plus grand effort tomberait sur la rive septentrionale du Rio-de-la-Plata, entre Maldonado et Sacramento, avec le projet d'attaquer Buenos-Ayres, après avoir soumis les trois places fortes de cette rive; car, tant que Montevideo et Sacramento ne seraient pas pris, l'expédition anglo-portugaise n'ayant aucune relâche assurée, elle ne pourrait pas, sans le plus grand danger et la plus grande témérité, remonter le fleuve jusque devant la capitale, où elle trouverait une armée prête à lui disputer la descente du mauvais mouillage de Baragan. C'est le théâtre de la guerre sur les deux rives du fleuve, et surtout sur la rive septentrionale, dont il faut arranger d'avance la défense.

Il faut commencer par assurer la communication entre Buenos-Ayres et Sacramento par tous les moyens possibles. C'est à quoi sont destinées les huit barques armées, constamment stationnée au port San-Gabriel, et des bateaux tant pour l'infanterie que pour la cavalerie, entretenus en tout temps par le gouvernement pour les besoins de l'armée. Il faut aussi choisir un terrain commode, dans l'île formée par les deux bras du Paranna, à la pointe la plus rapprochée de l'embouchure de cette rivière dans la Plata, pour y établir un bon fort, ou au moins une bonne batterie palissadée et enceinte d'un fossé plein d'eau, pour donner un abri aux bateaux armés et aux chaloupes canonnières du département naval de San-Gabriel, et assurer, par leur moyen, la navigation intérieure des deux rivières Paranna et Uraguay, et la communication constante de Buenos-Ayres avec la place d'armes de Sacramento.

Je crois que, pour l'assurer encore mieux, il serait possible, en se servant des petites rivières qui coupent cette île formée par les deux branches du Paranna, de creuser un canal en arrière de la batterie de la pointe que je viens d'indiquer, pour se procurer une communication intérieure entre ces deux branches, se dirigeant vis-à-vis de la place d'armes de Conchas, qui deviendrait alors un embarcadère très-important. Le canal aboutirait, dans l'Uraguay, vis-à-vis du Castillo de Bautista, au cap de Las Vivoras, et aux deux anses de San-Francisco et San-Juan, très-près en arrière de la place d'armes de Sacramento. Si on y réussissait, la navigation des deux rivières, protégée extérieurement par l'île de Martin-Gracia et par la batterie de la pointe, ne serait jamais interrompue entre les deux côtés du fleuve, quand même les forces navales anglo-portugaises seraient maîtresses du Rio-de-la-Plata, et on pourrait en tout temps fermer celle du nord et celle du sud l'une par l'autre, par cette communication intérieure. On ne peut vérifier la possibilité de ce projet que sur les lieux; mais, comme il est le pivot essentiel de la défensive, il faut l'exécuter, coûte que coûte, à moins d'une impossibilité absolue.

Il faut examiner à présent où on peut établir les deux places d'armes, sur la rive septentrionale du fleuve; car il en faut deux sur le théâtre de guerre, vu la grande étendue du nord au sud. Une place d'armes est différente d'une place forte. C'est un grand emplacement près d'une rivière et d'une ville, enceint d'ouvrages de terre et fossés pour le mettre à l'abri d'un coup de main, dans lequel on rassemble les magasins de toute espèce, armement, habillement, munitions, vivres, hôpitaux, etc., pour l'armée qui tient la campagne.

La première place d'armes à établir est *Corrientes*, pour les besoins des troupes qui auront à agir entre le Rio-Negro, l'Uraguay et le Haut-

Paranna; elle est bien située pour le transport par eau, et elle est assez éloignée des frontières portugaises pour ne pas craindre une invasion assez considérable pour la mettre en danger.

La seconde place d'armes, la plus importante et la plus complète, est la *Colonia del Sacramento*, qui, outre tous les mêmes magasins que *Corrientes*, doit renfermer le parc d'artillerie et les fours de l'armée. Sa vaste enceinte doit former un grand camp retranché, et se liant aux fortifications du port formé par les îles San-Gabriel, devrait servir de place d'armes de terre et de mer. Elle deviendra un jour la place la plus importante de la contrée, à la rive septentrionale du fleuve, comme elle est dès à présent la plus essentielle sous le point de vue militaire.

Les trois places fortes à mettre en bon état de défense sont Maldonado, Montevideo, et la Colonia del Sacramento, dont nous venons de parler comme place d'armes.

Le district de Maldonado est difficile à défendre, à cause de son grand éloignement. La grande règle de la guerre offensive est d'étendre son front d'attaque; celle de la guerre défensive est, au contraire, de le resserrer: aussi il serait imprudent de porter l'armée du Nord au-delà de Santa-Lucia, qui se décharge près de Montevideo, pour aller secourir Maldonado s'il était attaqué, parce que ce pourrait n'être qu'une attaque simulée, pour attirer cette armée à l'extrémité de ses frontières et l'éloigner du vrai point de descente, pour l'attaque de Montevideo, qui se trouverait alors dégarni du secours de cette armée.

Tel qu'est Maldonado, il faut donner à son enceinte toute la force qu'on pourra; mettre son château en état de défense, garantir sa rade en construisant un fort sur l'île Gorziti et des batteries correspondantes sur les pointes opposées, y jeter une garnison d'un millier d'hommes, et l'abandonner à lui-même, ne marchant à son secours que si le siége se prolongeait, et si l'ennemi était découragé ou affaibli.

Il faut, dans ce district, raccommoder le fort de San-Théreso, et relever le fort Gonzalès, sur l'extrême frontière du gouvernement portugais de don Pedro. Ces deux forts suivraient le sort de Maldonado, quel qu'il fût; s'ils étaient perdus, on les reprendrait facilement à la fin de la campagne ou de la guerre, qui, l'une et l'autre, pourraient ne pas durer long-temps de la part de l'armée alliée, surtout lorsqu'une diver-

sion , partant de Corrientes, et une autre partant de Rio-Negro, avant ou pendant le siége
de Maldonado, menaceraient d'une invasion
terrible les deux gouvernemens de San-Paul
et de San-Pedro.

Montevideo doit être fortifié avec le plus
grand soin, et bien garni d'artillerie, vu sa
grande importance navale. On croit qu'il faut
fortifier, sur sa côte orientale, le Montevideo et
l'île de Los Ratos. On ne peut pas, sans un plan
exact, juger des ouvrages nécessaires pour en
faire une très-forte place par terre et par mer,
mais on doit y travailler tous les ans, et n'y épar-
gner ni l'art ni la dépense, puisque c'est le
boulevart de Buenos-Ayres et de la navigation
du fleuve.

Sur la rive méridionale du Rio-de-la-Plata,
la seule place d'armes nécessaire est Conchas,
à l'embouchure du Paranna, au dessus de la
capitale. Cet établissement doit être vaste, et enceint légèrement, il n'a besoin que de quelques
batteries sur le bord de la rivière, ainsi que
devant San-Isidro. Il faut aussi construire cinq
bons forts; le plus considérable à Baragan, pour
en défendre le mouillage; un à Quelmes, un à Re-
medios, un à Lobos, un à Nabarro, pour cou-

vrir au loin la capitale, et obliger l'ennemi, s'il était parvenu à forcer la descente, à s'éloigner de sa marine, et à s'enfoncer dans les terres pour arriver à la capitale.

Telles sont les principales parties de la défensive qui doivent être disposées le plus long-temps possible d'avance, c'est-à-dire sans aucun retard, puisqu'elles assurent la dignité et la sûreté de la république.

Nous avons déjà détaillé les trois parties de la force militaire : 1° l'armée de ligne, 2° les volontaires, cavalerie et artillerie, 3° la milice.

Comme en temps de paix, l n'y a que la première qui soit en service actif, les deux autres restant tranquilles dans leurs provinces respectives, elle doit figurer, même en temps de paix, par ses quartiers, la disposition totale de la défensive. Nous l'avons partagée en deux divisions, celle du Nord et celle du Sud, comme le fleuve la divise naturellement.

Les quartiers permanens de la division du Nord, pendant la paix, sont, à la Colonia del Sacramento, le lieutenant-général commandant avec son état-major, le parc d'artillerie, les deux compagnies d'artillerie à cheval, les quatre compagnies de grenadiers, les quatre compagnies de carabiniers chasseurs, et le premier bataillon d'infanterie de ligne.

A Montevideo, un maréchal de camp, le second bataillon d'infanterie de ligne, un escadron de cavalerie, cantonné dans les villages voisins.

A Maldonado, un maréchal-de-camp, un bataillon de chasseurs, un escadron de cavalerie, cantonné dans le district.

Le long du Rio-Negro, un brigadier de cavalerie avec un escadron, un bataillon de chasseurs qui fournira une compagnie de garnison au fort de Santa-Theresa, et une à celui de Gonzalès.

Enfin un escadron de cavalerie à Corrientes.

Cette dislocation dessinera parfaitement les points de la défensive de l'armée du Nord.

Pour celle de l'armée du Sud, en temps de paix, le lieutenant-général commandant résidera à Conchas, avec son état-major, le parc d'artillerie, les deux compagnies d'artillerie à cheval, les quatre compagnies de grenadiers, les quatre de carabiniers, un bataillon d'infanterie de ligne, et un escadron de cavalerie cantonné à l'entour.

A Rosario, chef-lieu des grandes manufactures et ateliers militaires, un maréchal-de-camp, un bataillon d'infanterie de ligne, un escadron de cavalerie cantonné.

Sur la ligne de défense des cinq forts, à l'ouest de la capitale, un maréchal-de-camp, deux escadrons de cavalerie, deux bataillons de chasseurs qui fourniront des détachemens jusqu'à la baie du Rio-Salado.

Le gouvernement établira, dans chacun de ces quartiers et cantonnemens, des barques solides pour l'infanterie, et des quartiers et écuries pour la cavalerie, pour que les troupes y soient toujours tenues ensemble, en bonne discipline, et s'y livrent aux manœuvres et instructions de leurs armes. On prendra pour cela les mêmes mesures dans les deux divisions.

En temps de guerre, chaque division, renforcée des deux autres parties, les volontaires et la milice, prendra le nom, l'une d'armée du Sud, l'autre, d'armée du Nord. L'armée du Nord, comme celle du Sud, sera composée :

1° De sa division entière de ligne.	4,683
2° Deux escadrons de volontaires lanciers.	400
3° Deux compagnies d'artillerie volontaire.	100
A reporter.	5,183

Report. 5,183
4° Deux brigades de milices. 7,000
Nota. Chaque brigade représente 4,000 hommes, dont 3,500 enrégimentés en cinq bataillons, et 500 formant dix compagnies détachées pour servir dans les places et subvenir au remplacement dans les bataillons. 1,000

Total. . . . . 13,183 h.

Mais l'armée du Nord sera encore renforcée par la division qui se sera assemblée et organisée à Corrientes pour agir par diversion ou se rejoindre à l'armée en cas de besoin.

Cette division sera composée de

1° La brigade de milice organisée à Corrientes. 3,500
2° Les dix compagnies détachées de cette brig. 500
3° Deux escadrons de lanciers. 400
4° Deux compagnies d'artillerie volontaire. . 100

4,500 h.

Total de l'armée du Nord, avec cette division. 17,883 h.

Nota. On n'a parlé que des quatre brigades, chacune de cinq bataillons, attachées aux armées du Nord et du Sud. Il reste donc quatre mille hommes sur les vingt mille, qu'on assemblera et qu'on organisera à Corrientes.

Comme l'ennemi ne peut rassembler au plus que 10,000 Anglais et 10,000 Portugais pour toute cette grande expédition, on peut être sûr qu'il ne peut pas faire une attaque générale sur les deux rives à la fois, et comme la nécessité d'assurer un bon mouillage à la flotte combinée détermine absolument l'attaque sur la rive septentrionale, pour s'emparer de Montevideo, qui seul peut remplir cet objet essentiel, dès que la flotte anglo-portugaise paraîtra dans le fleuve avec son convoi, le gouvernement fera passer de l'armée du Sud à l'armée du Nord de Conchas à Sacramento,

Un bataillon d'infanterie de ligne.	600	
Deux bataillons de chasseurs.	1,200	
Trois compagnies d'artillerie de ligne.	150	6,550
Trois escadrons de cavalerie de ligne.	600	
Une brigade de milice.	4,000	

Ce qui rendra l'armée du Nord forte de. . 24,233 h.

Cette armée sera suffisante non-seulement pour défendre ces trois places situées sur la rivière, mais encore, par deux diversions sur les gouvernemens de San-Paul et San-Pedro, forcer les Portugais à abandonner leurs projets de conquêtes, et à se séparer des Anglais pour courir à la défense de leurs foyers et de leurs mines.

A la vérité, le général de l'armée du Sud sera fort affaibli, car il ne lui restera que :

Avec le parc, quatre compagnies d'artillerie. .	200
Un bataillon de ligne avec sa comp. d'artillerie.	650
Quatre compagnies de grenadiers.	200
Quatre compagnies de carabiniers.	200
Une brigade de milice.	4,000
Deux escadrons de lanciers.	400
Un escadron de cavalerie de ligne.	200
Deux compagnies d'artillerie volontaire. . . .	100
Total.	5,950 h.

Mais on aura le temps de la faire joindre par deux brigades du second tirage de la milice; d'ailleurs, les habitans de la capitale se souviendront de leur ancienne valeur et de leur gloire, et ne laisseront pas les Anglais descendre au mouillage difficile où ils ont mis pied à terre autrefois, parce qu'on n'était pas préparé à leur opposer des batteries fixes, fortifiées d'avance, et un corps d'armée organisé, soutenu de 28 à 30 bouches à feu mobiles, dont 16 d'artillerie à cheval.

Voyons à présent les dispositions que doit faire le général du Nord. Il a d'avance une division arrangée à Corrientes, de 4,500 hommes, dont 4,000 seront disponibles pour faire une grande diversion sous les ordres d'un maréchal-de-camp, pendant que les 10 compagnies resteront sous un colonel à Corrientes pour le garder.

Il arrangera près du fort de Gonzalès une seconde division, pareillement commandée par un maréchal-de-camp, et composée de

2 bataillons de chasseurs de ligne.	1,200
Avec leurs 2 compagnies d'artillerie	100
2 bataillons de milice.	1,200
1 compagnie d'artillerie volontaire.	50
2 escadrons de lanciers.	400
Total.	2,950 h.

Il jettera dans les trois places les trois bataillons de la brigade dont il aura détaché les deux bataillons, pour sa seconde diversion destinée à l'invasion dans le gouvernement de San-Pedro. Il jettera aussi dans ces places, en proportion égale, 30 compagnies détachées des trois brigades de milice.

La garnison de Maldonado sera de.. { 1 bataillon de milice. 600 / 10 comp. détachées. 500 } 1,100 h.

Celle de Montevideo. { 1 bataillon de milice. 600 / 10 comp. détachées. 500 / 1 bat. de chas. de mil. 500 } 1,600 h.

Celle de Sacramento. { 1 bataillon de milice. 600 / 10 comp. détachées. 500 } 1,100 h.

Il rassemblera le reste de son armée pour tenir la campagne, et elle montera encore à

3 bataillons de ligne. 1,800
6 bataillons de chasseurs. 3,600
9 compagnies d'artillerie attachées à ces 9 bat. 450
4 compagnies d'artillerie du parc. 200
2 compagnies d'artillerie à cheval. 100
4 compagnies de grenadiers. 200
4 compagnies de carabiniers. 200
21 brigades de milices. 6,000
20 compagnies de chasseurs de ces deux brigades. 1,000
7 escadrons de cavalerie de ligne. 1,400

        Total. . . . . 14,950 h.

Il prendra avec cette armée de 15,000 hommes, dont 1,400 de cavalerie et 48 bouches à feu, une bonne position à la rive orientale de la rivière de Santa-Lucia, très-près de Montevideo, et de là il couvrira ses trois places. Il aura établi tout le long de la côte, depuis Maldonado jusqu'à Sacramento, des télégraphes, pour être promptement averti des mouvemens de l'ennemi, dès qu'il paraîtra à l'embouchure du fleuve.

J'estime que tout ce que les alliés pourront rassembler un jour pour cette grande expédition, est 10,000 Anglais et 10 à 12,000 Portugais. Cette armée est bien faible, ayant trois siéges à faire sous les yeux d'une armée aussi forte, et ne pouvant pas se déployer, ni s'éloigner de ses vaisseaux. Quand même elle réussirait à emporter Maldonado par une attaque brusque, elle n'y gagnerait qu'un mouillage trop éloigné, qui ne présenterait ni assez de capacité, ni assez de sûreté pour sa nombreuse flotte. Si elle ne parvenait pas à prendre Montevideo, elle ne tiendrait rien. Sa campagne serait manquée, et on ne tente pas deux fois une pareille expédition.

C'est à Rio-Janeiro que se ferait nécessairement le rassemblement de cette armée. Il serait possible de détourner, ou du moins de retarder cet orage, en prenant soi-même l'initiative de l'attaque, par une diversion de la division de

Corrientes, qui ferait une invasion rapide dans la province de San-Paul, en offrant à ses habitans ou la liberté et la fédéralité, ou l'esclavage et la désolation; en même temps la division de Rio-Negro entrerait dans le gouvernement de San-Pedro, et y tiendrait la même conduite.

Certainement les Portugais, forcés d'accourir à la défense de leurs frontières, ne pourraient plus penser à s'embarquer avec les Anglais pour pénétrer dans le Rio-de-la-Plata et courir à des conquêtes incertaines, pendant qu'on dévasterait et qu'on révolutionnerait peut-être les deux provinces les plus voisines de la cour.

Alors vraisemblablement la grande expédition se trouverait échouée, avant d'être entreprise; car les Anglais ne pourraient entrer avec leurs seules forces dans le fleuve, et s'ils y paraissaient ils n'y feraient qu'une parade inutile. Si, après que les Portugais auraient réussi à repousser les deux diversions sur leurs frontières, ce qui n'est pas bien sûr, l'Angleterre poussait l'obstination et le dépit jusqu'à vouloir renouveler cette hasardeuse entreprise, ce serait un an de gagné, pendant lequel le gouvernement aurait le temps d'organiser et d'assurer son second tirage de 20,000 hommes qu'il partagerait en cinq brigades comme les premiers. Alors renforçant chacune de ses deux armées de deux brigades, et plaçant la cinquième brigade dans ses forts et batteries entre Conchas et Sacramento, pour couvrir l'embouchure du Paranna et de l'Uraguay, il présenterait une défensive inattaquable.

J'ai partagé la marine en deux ou trois départemens. Celui de Maldonado, si les circonstances politiques ne s'opposent pas à son établissement, doit être de six chaloupes canonnières; mais elles doivent se replier à Montevideo, dès que la flotte ennemie paraîtra à l'embouchure du fleuve, pour n'être pas bloquées et prises dans la rade mal défendue de Maldonado. Celle de Montevideo doit y attendre les progrès de la flotte ennemie, pour l'observer et profiter des occasions pour enlever quelques bâtimens du convoi. Ses équipages serviront à la défense de la place et de la rade, en cas de siége. Les huit chaloupes canonnières du département de San-

Gabriel doivent rester dans ce port pour le même objet. Les huit barques doivent se tenir dans les embouchures du Paranna et du Paraguay pour, à l'aide des batteries de Martin Gracia et de la Pointe, protéger leur navigation et empêcher les petits bateaux armés des ennemis d'y pénétrer. Le commandant de la marine de chacun de ces trois ports aura soin de faire enlever toutes les bouées et balises du fleuve, et de s'assurer de tous les pilotes et bateaux pêcheurs.

Ce qui doit grandement encourager et rassurer le gouvernement, c'est que trois années suffisent pour porter à sa perfection le plan militaire et le système de défense que je lui présente, s'ils sont suivis avec intelligence, zèle et persévérance. La circonstance de la rivalité et de la guerre à mort des deux grandes puissances de l'Europe, la résistance prolongée du Portugal et de l'Espagne, la longue nullité où se trouvera plongée l'Espagne après une aussi terrible lutte, soit qu'elle triomphe, soit qu'elle succombe, donneront à la république le temps d'arranger sa constitution politique et militaire, et de se placer dans le corps politique de l'univers, au rang respectable d'une nation libre, avec l'avantage d'être indépendante de toute politique extérieure, ne tenant à l'Europe que par des relations commerciales. Ni les Anglais ni les Portugais, les seuls qui puissent s'y opposer, quelque jalousie qu'ils puissent en avoir, ne sont en état de se livrer à la chimère d'une grande expédition, tant que durera cet état violent de l'Europe. Ainsi la guerre de l'Europe est la paix de l'Amérique du sud, l'époque que lui a marquée la Providence pour conquérir une glorieuse liberté.

Pendant que j'écris ce mémoire, et au temps où il sera déposé au conseil du gouvernement de la république, j'espère que Montevideo sera parfaitement soumis. C'est le premier de ses travaux, et quel que soit l'état d'imperfection actuel de son état militaire, il a dû réunir, contre cette ville rebelle, tous les efforts de la nation. Je ne peux pas trop répéter que Montevideo est la clef du fleuve, le boulevart de la république. Cette ville est le pivot de toute la guerre. Placée sur une pointe de terre, elle ne pourrait être prise que par un long siége, en cas qu'elle fût abandonnée à elle-même; mais défendue par une nombreuse artillerie, par une garnison qui, jointe aux gens de mer et aux habitans, monterait à plus de 4,000 hommes, soutenue par une armée égale à l'armée assiégeante, en réunissant les deux divisions détachées, elle doit être considérée comme imprenable.

Si cependant ce malheur arrivait à la faveur de la rébellion actuelle, qu'on aurait trop laissée vieillir, soit par une invasion subite des Portugais, soit par une attaque brusque des Anglais, avant que la défense eût été préparée et l'armée bien organisée, tout ne serait pas perdu pour cela. J'estime trop l'intéressante nation à laquelle je consacre mon expérience et mes travaux, pour craindre que le désespoir et la consternation étouffent le germe de la liberté, soutenu par le patriotisme le plus pur. Je crois au contraire que cette nation régénérée n'en travaillerait qu'avec plus de promptitude et de persévérance à son organisation militaire, pour se mettre en état, le plus tôt possible, de reprendre cette place essentielle sur les Anglais, à qui seuls la position peut convenir, et qui certainement, sous quelque prétexte qu'ils commissent cette injuste hostilité, ne s'y détermineraient que par l'espoir de l'acquérir pour la conserver.

Mais bien loin que leurs vues de domination ou d'avarice fussent remplies, cette possession leur coûterait plus, par l'entretien d'une grosse garnison et par la nécessité d'y stationner continuellement une escadre de guerre, qu'ils ne gagneraient par un commerce interlope, que la république prendrait la noble résolution de ne pas permettre. L'armée s'établirait dans un camp retranché, d'où elle bloquerait la ville en tout temps, et l'éloignement de l'Europe faciliterait un jour sa conquête, ou par famine, ou par des accidens de mer ou de vive force.

Pour compléter la partie militaire de mon travail, il faut y joindre des mémoires particuliers sur l'avancement aux grades, sur les peines et les récompenses, sur le code militaire, sur la discipline, sur la tactique, sur l'administration des vivres, sur les hôpitaux, sur les marches et routes militaires par mer et par terre, enfin sur toutes les parties qui doivent être à la fois avantageuses aux gens de guerre, sans grever toutes les autres classes de la population. Les ordonnances qui doivent fixer l'état militaire doivent dériver de principes convenables aux soldats citoyens d'une république libre. Je chercherai à perfectionner ce travail, si le gouvernement, content de ce que je lui ai déjà présenté, me fait connaître qu'il en désire la continuation.

TROISIÈME PARTIE.

POLITIQUE INTÉRIEURE ET EXTÉRIEURE.

La politique comprend toutes les branches du grand art de gouverner les peuples pour leur bonheur; elle peut se diviser en deux parties, 1° Politique intérieure, 2° Politique extérieure.

POLITIQUE INTÉRIEURE.

Elle fixe les rapports et les obligations mutuelles entre le gouvernement et le peuple, et se subdivise naturellement en cinq chapitres.

1ᵉʳ *Chapitre.* La constitution, qui fixe le nombre des pouvoirs et des rouages qui meuvent la grande machine nationale. On a beaucoup écrit sur cette matière, et l'art a peut-être obscurci les lumières naturelles. L'expérience de la constitution anglaise prouve que c'est cette nation qui a le plus approché de la nature, malgré les vices de sa représentation. Elle distingue trois pouvoirs, au dessus desquels est la loi : la chambre des pairs, la chambre des communes, et le pouvoir exécutif, le roi. La même constitution existe en France, excepté que la chambre des pairs s'appelle *sénat conservateur*, la chambre des communes, *corps législatif*; mais comme il n'y a point d'équilibre entre ces deux pouvoirs et le despotisme absolu du pouvoir exécutif, nommé *l'empereur*, tout ordre y est interverti. Le pouvoir exécutif en France est réellement le pouvoir législatif, et les deux autres ne sont que des machines exécutives que Napoléon dirige à son gré, parce que leur mode d'action donne à ses volontés une sanction constitutionnelle.

2ᵉ *Chapitre.* C'est de la réunion de ces trois

pouvoirs que dérivent les lois sous lesquelles vit la nation, c'est de leur *séparation* que résulte la liberté nationale. Ainsi rien n'est plus essentiel, en fondant un état nouveau, que d'assurer un mode d'élection sage et égal pour les membres de la représentation nationale.

3° *Chapitre*. Le pouvoir exécutif peut être ou une présidence, *primus inter pares*, ou un sénat oligarchique, si c'est par élection ; ou aristocratique, si c'est par hérédité ; ou enfin, une monarchie, qui doit toujours être héréditaire. Ces trois formes du pouvoir exécutif, ou gouvernement, ont leurs inconvéniens et leurs avantages. Il ne faut, dans ce choix, se livrer ni aux méditations abstraites, ni aux spéculations métaphysiques. Cette grande question ne peut être résolue que par l'impulsion du peuple qui veut devenir nation, par son caractère, par ses préjugés, par les localités, par le genre de sa population. Cette branche de la constitution ne peut être décidée que par un mouvement spontané, auquel toute la métaphysique du monde ne peut rien opposer.

4° *Chapitre*. De la réunion des trois pouvoirs

naissent les lois ecclésiastiques (non quant au dogme, mais à l'existence politique), les lois civiles, les lois militaires, le code maritime, le code commercial, la fixation du revenu public et de son emploi.

5° *Chapitre.* Le pouvoir exécutif, ou le gouvernement, est chargé de la perception du revenu public et de son emploi. Je dirai seulement à cet égard, que pour éviter la confusion et la complication excessive dans le système financier d'un état, il est nécessaire de diviser la recette et la dépense en trois caisses à peu près égales, civile, militaire, extraordinaire, sans jamais en confondre la comptabilité. S'il existe un déficit dans l'une des deux premières caisses, la nation doit en être instruite, et doit sanctionner l'application d'une partie de la caisse extraordinaire pour remplir le déficit. S'il y a excédant de recette dans la caisse civile ou dans la caisse militaire, il doit être versé dans la caisse extraordinaire, qui est essentiellement le trésor de l'état.

Je n'ai pas l'imprudence de m'étendre sur aucun de ces cinq chapitres, et je ne m'aviserai pas de présenter des conseils et des spéculations vagues et incertaines, que je n'ai pu puiser que dans des livres sur ces matières, dans lesquels ils sont toujours des guides peu sûrs. Plusieurs années de séjour et d'étude du caractère national du peuple intéressant auquel je consacre mes travaux, suffiraient à peine pour fixer mon opinion sur la constitution politique qui peut lui convenir.

Je regarde les commentaires sur ces cinq chapitres comme des questions oiseuses, même dangereuses, dans un temps de création. Pour raisonner, il faut être homme fait; la nation est encore en enfance, elle est encore enveloppée de langes de toute espèce. Ce sont ces entraves qu'il faut briser; non avec des questions métaphysiques, mais avec une armée bien organisée et des finances en bon état. Il faut éviter tout ce qui peut causer des commotions civiles et de la discorde, par conséquent faire le moins de changemens possible dans les formes et rouages de la machine politique. Une révolution trop brusque fournirait des armes terribles à tous les ennemis de l'indépendance de l'Amérique.

POLITIQUE EXTÉRIEURE.

La politique extérieure est la règle de conduite que le gouvernement de la république doit suivre dans ses relations diplomatiques avec toutes les nations du globe, soit voisines, soit éloignées, avec lesquelles les intérêts du commerce peuvent lui donner des rapports. Heureusement sa situation éloignée ne lui donnera pas de long-temps des rapports plus compliqués, et ne l'exposera pas aux ruses de la politique européenne et aux attentats de son ambition.

Je divise cette section en autant de chapitres qu'il existe de puissances avec lesquelles la république peut avoir à négocier, et auprès desquelles, les unes plus tôt, les autres plus tard, elle sera dans le cas de faire résider des agens diplomatiques. Voici la gradation de ses intérêts politiques.

Chapitre I. *L'Angleterre*.

La révolution des deux Amériques espagnoles s'avance à grands pas; aucun effort humain ne peut plus l'empêcher. La métropole, sur le point de perdre entièrement son existence nationale, malgré l'opiniâtreté de sa résistance, ne pourra de long-temps, si elle évite le joug de Napoléon, ni défendre ses colonies, ni protéger les Espagnols naturels, qui ont encore pu les retenir sous l'obéissance de l'Europe, ni envoyer des escadres et des armées pour reconquérir celles qui s'en seront détachées.

Les secours que les Anglais ont prodigués en Espagne, depuis trois ans, n'ont servi qu'à exciter et entretenir le noble désespoir des Espagnols, sans leur donner les moyens de vaincre, parce qu'ils ont été employés sans discernement, sans plan fixe, sans prudence, et parce que, de la part des Espagnols, il y avait désunion.

Dans la révolution française, cette terrible révolution qui a changé entièrement la face de l'Europe et qui changera celle du monde entier, cette nation a eu le bonheur d'avoir à combattre contre tous les souverains de l'Europe à la fois, et de ne pouvoir s'appuyer d'aucun allié. Dès lors elle a été obligée de déployer toute son énergie et ses ressources ; elle a développé toutes les facultés que multiplie l'amour de la liberté.

Partout la victoire a couronné ses efforts. Si les chefs avaient eu la sagesse de s'en tenir aux principes de leur révolution, elle serait devenue la nation la plus libre et la plus estimée du monde entier.

Des monstres ont altéré son caractère national ; elle est devenue sanguinaire, immorale, en un mot, une nation conquérante. Un homme obscur s'en est emparé, l'a tyrannisée, l'a fait trembler ; mais, par la valeur des soldats que la liberté avait formés et que le despotisme a rendus ses satellites, il est devenu le fléau de l'univers.

Peut-être, au lieu de s'immiscer dans les affaires d'Espagne, d'y conduire des armées à qui on lie les mains, d'y employer une politique indécise, le gouvernement anglais aurait dû se contenter de fournir aux Espagnols des armes, des munitions et un secours momentané d'argent, qui n'eût réellement été qu'un prêt avantageux. Cette nation, tout aussi brave et moins corrompue que la française, eût suffi pour arrêter le torrent de ses conquérans. Il s'y serait formé, comme en France, des généraux. Elle aurait profité de la guerre de l'Autriche et de la faiblesse des satellites de Joseph pour purger son territoire de ses envahisseurs ; les Espagnols seraient déjà libres depuis un an et leur monarque leur aurait été rendu.

Dans ce cas, les Espagnols américains, admirant leurs frères d'Europe, se seraient rattachés par des liens encore plus forts à la mère-patrie, auraient secondé ses efforts, au moins avec leurs richesses, et auraient fait cause commune avec elle contre le tyran du monde.

Cet espoir est évanoui, sans aucune probabilité de retour. Les Espagnols américains n'ont plus de patrie en Europe; ils ne peuvent pas la chercher en Espagne, qui bientôt ne sera qu'une province dévastée et épuisée du gigantesque empire français.

Ils sont forcés, puisque tous les liens sont brisés, de se faire une patrie indigène. Telle est la scission irrémédiable qui existe entre l'Europe et les Amériques. Il ne peut plus y avoir entre les deux hémisphères que des relations du commerce entre nations libres.

Il n'est pas possible que le peuple anglais, quelle que soit l'aberration politique de ses ministres, ne reconnaisse avant peu cette importante vérité. Il a une raison trop éclairée, l'amour de la liberté trop bien gravé dans son cœur, trop de droiture, trop de pénétration sur ses vrais intérêts, pour continuer les fautes énormes qui finiraient par le ruiner et le compromettre inutilement; car il ne peut pas changer le cours des destinées*.

La liberté des Amériques espagnoles est le salut et le bien-être de l'Angleterre. La continuation ou le renouvellement de leur servitude est la ruine du commerce anglais. Tous les efforts qu'elle fera pour les maintenir ou les rattacher à l'Espagne, ne feront qu'épuiser ses propres moyens et favoriser Bonaparte, en étendant la sphère de son insatiable ambition. Elle n'y aura gagné que de se rendre odieuse à des peuples qui ne désiraient que son alliance et des avantages mutuels.

Si les colonies espagnoles sont rattachées à l'Espagne, elles suivront son sort, lorsqu'elle sera forcée de subir le joug, et les Anglais, chassés de la péninsule des Espagnes, pour avoir mal participé à sa défense, ne seront pas

* Dumouriez écrivait ceci au moment de l'expédition dirigée par le général Moore, qui perdit une partie de sa faible armée, et périt lui-même dans la dernière action. Ce n'est qu'après ces désastres, que Dumouriez avait prévus et prédits, que le gouvernement anglais l'environna de toutes ces lumières et combina mieux ses efforts pour délivrer l'Espagne du joug étranger. Dumouriez y contribua.

admis par les Espagnols américains, dont ils auront eux-mêmes rivé les fers. Tout le commerce de ces riches contrées tombera dans les mains des États-Unis.

C'est dans ce cercle de vérités mathématiques qu'il faut renfermer toutes les relations politiques que la république doit suivre avec le gouvernement britannique, en partant d'un principe également démontré : c'est que le plus habile négociateur est celui qui sait présenter à a puissance avec laquelle il négocie son véritable intérêt, et qui sait faire concorder cet intérêt avec le but de sa négociation.

L'Angleterre n'a qu'un seul intérêt dans le sort de l'Amérique du sud, c'est de s'y assurer un commerce avantageux. La cupidité mercantile peut lui faire dépasser ce but et lui faire désirer de rendre ce commerce exclusif; de là, ses vacillations dans son plan de conduite, et les erreurs politiques qui lui ont attiré de grandes dépenses, des disgrâces et de la honte. Mais elle prouve à présent, par la conduite de l'amiral de Courcy, qu'elle est revenue aux vrais principes, comme elle a prouvé, par celle de lord Strangford, qu'elle n'a pas admis les prétentions et les projets de la cour du Brésil.

Il faut se contenter de ces bonnes dispositions, car sa situation politique, en Europe, ne lui permet pas d'aller au-delà. Ses engagemens avec l'Espagne sont sacrés, au moins en Europe, tant que l'Espagne n'est pas anéantie, et que son peuple n'est pas, comme celui de la Pologne, effacé du tableau des nations.

Il serait donc aussi inutile qu'imprudent de s'obstiner à obtenir d'elle la reconnaissance de l'indépendance de l'Amérique du sud.

Il faut se contenter de son assentiment tacite. La seule protection qu'elle puisse accorder est de contenir par son irrésistible influence la cour du Brésil dans une neutralité parfaite, pendant le cours du conflit entre la junte supérieure de Buenos-Ayres et les rebelles de Montevideo, soutenus par les émissaires de la régence espagnole. La république n'a besoin que de ses seules forces pour apaiser ces troubles, si l'Angleterre et la cour du Brésil restent neutres. Tel est l'objet essentiel de la négociation du chargé d'affaires du gouvernement de Buenos-Ayres auprès du gouvernement britanique.

L'autre objet essentiel de sa mission est d'obtenir, du ministère anglais, des armes, des munitions et autres nécessités militaires dont manque ce nouveau peuple, en attendant qu'il ait pu établir chez lui les manufactures relatives à cet objet. Les mêmes motifs qui empêchent le ministère anglais de reconnaître l'indépendance et la légalité du gouvernement de Buenos-Ayres mettent aussi des obstacles à la vente d'armes, pour assurer son affranchissement. Cette négociation est délicate et doit être conduite avec beaucoup de discrétion. C'est à la cupidité mercantile à lever ces obstacles; car si on demande officiellement au ministère anglais la levée de l'interdiction de l'achat et du transport des armes, sa réponse officielle sera nécessairement un refus.

J'ai déjà mandé dans deux lettres que l'argent est le moyen à employer. Il est infaillible; mais il faut beaucoup d'adresse et de secret dans son application. J'ai dit qu'il fallait que le chargé d'affaires qu'on enverrait fût pourvu d'un crédit discrétionnaire assez considérable pour n'être pas arrêté dans ses négociations par la pénurie des moyens pécuniaires. Je ne doute pas que le gouvernement n'ait senti la justesse de ce conseil, et que ses premières dépêches ne contiennent ce crédit qui lui déliera les mains.

Dès que le chargé d'affaires aura des fonds disponibles à Londres, il doit s'intriguer pour faire des marchés d'armes, sans considérer la cherté des prix, car les premiers seront exorbitans. Alors les marchands, aussi intéressés que lui-même à l'exécution de leurs marchés, connaissant les moyens de corruption, accoutumés à les employer, feront toutes les démarches nécessaires pour obtenir, par les bureaux du gouvernement, la levée des prohibitions et les licences pour l'embarquement et le transport de ces denrées, vraisemblablement en dénaturant ces cargaisons et la destination des bâtimens. C'est l'affaire de ces marchands. Le chargé d'affaires ne doit pas paraître dans cette négociation mystérieuse et subreptice, dans laquelle son interposition, en qualité d'étranger, serait une maladresse qui ferait tout manquer, et qui compromettrait mal à propos son caractère public, dont il faut toujours conserver la dignité, quoiqu'il doive rester secret jusqu'à l'époque (qu'il faut attendre sans se presser, mais qui arrivera un jour) où il pourra développer publiquement le rang diplomatique de ministre avoué d'un peuple libre.

Le chargé d'affaires se servira des vaisseaux de ces marchands de la Cité, quand ils auront obtenu leurs licences, pour faire passer plusieurs officiers expérimentés qu'on lui procurera, mais qu'on ne peut pas faire partir sans argent comptant, ni sur de simples promesses. Pour tout cela il faut un crédit ouvert au chargé d'affaires, pour qu'il puisse faire face à Londres à ses engagemens. Le prix des cargaisons doit, sans contredit, être payé à Buenos-Ayres; mais c'est à Londres que doit être payé, en argent comptant et à point nommé, celui des engagemens des officiers, ouvriers, etc., avec la précaution surtout de n'engager aucun Anglais, pour ne pas s'exposer aux reproches d'embauchage et aux désagrémens qui pourraient en résulter et qui aviliraient sa mission.

Il est possible que le gouvernement anglais fasse, non pas des propositions directes (il ne l'oserait pas à cause de sa position délicate), mais des insinuations au chargé d'affaires, pour se faire céder un établissement fixe dans le Rio-de-la-Plata. C'est, sans contredit, son désir le plus intime pour arriver à la possession du commerce exclusif.

Je pense que si cela arrivait il ne faudrait pas rejeter cette ouverture, mais *traîner* la négociation, et y mettre pour condition, *sine quâ non*, la reconnaissance ouverte de l'indépendance de l'état de Buenos-Ayres et la levée de toutes les prohibitions sur la vente et le transport des armes. Le chargé d'affaires gagnerait du temps, et si le marché des armes fait à Rio-Janeiro par don Manuel Padilla avec le consul américain avait son exécution, alors, comme le besoin serait moins pressant, il lui serait plus aisé d'écarter cette ouverture, et de trouver, dans les circonstances qui se présenteraient, les moyens de l'annuler.

Jusqu'à cette époque il doit, au contraire, *caresser* cette idée, et la laisser entrevoir comme praticable par son utilité mutuelle pour les deux nations. Il peut lui-même en tirer parti comme d'un moyen plus facile de communication avec le cabinet britannique, il peut s'en servir pour les autres objets de sa mission.

Si les affaires en venaient au point que le gouvernement de Buenos-Ayres fût obligé de s'accorder sur la cession d'un port dans le Rio-de-la-Plata, il ne faudrait jamais consentir que ce fût celui de Montevideo, que je considère, dans mon système de défense, comme le pivot de toute la défensive et le palladium de l'indépendance de la république. Il faudrait fixer toute la négociation sur Maldonado.

Quel que soit l'inconvénient d'un voisin aussi puissant, aussi dominateur, aussi exclusif, il s'y trouverait d'un autre côté deux grands avantages : 1° du côté de la régence d'Espagne, dont tous les projets seraient frustrés par l'acte de reconnaissance de l'indépendance cimenté par un traité de cession ; 2° du côté de la cour du Brésil qui, voyant les Anglais interposés entre elle et le gouvernement de Buenos-Ayres, serait forcé de renoncer à toutes ses prétentions, ses intrigues et ses menées contre le gouvernement.

En considérant d'un côté ces avantages, de l'autre la position géographique de Maldonado, très-éloignée et par conséquent peu dangereuse pour la liberté de la république ; en considérant de plus que cet accord, entre les gouvernemens de Londres et de Buenos-Ayres, assurerait au dernier plusieurs années de paix et de tranquillité pour fonder la république sur des bases solides, pour y arranger une constitution fixe et un état militaire imposant, on peut presque désirer que la cession de Maldonado ait lieu; mais si les Anglais en font le prix de leur protection, le gouvernement de Buenos-Ayres doit de son côté le vendre le plus cher qu'il pourra.

Si on en vient à cette négociation, j'offre mes conseils et mes moyens secrets pour la rendre la moins désavantageuse et la plus honorable possible.

Voilà, selon mon idée, la base de l'instruction à donner au chargé d'affaires de Buenos-Ayres à Londres. Il doit surtout avoir, par un crédit ouvert dans la Cité, la disposition des fonds nécessaires pour les objets que j'ai énoncés, ainsi que pour les cas imprévus et journaliers, tels qu'expéditions de courriers pour la correspondance dans les ports, voyages, dépense des bureaux, ports de lettres, gratifications à des secrétaires, à des commis, à des valets, etc., etc. Enfin, vu l'éloignement et la difficulté des communications avec sa patrie, on doit lui accorder la plus grande latitude de confiance, et carte blanche surtout dans les premiers temps de sa mission. On pourra la restreindre et la régulariser quand toutes les difficultés seront surmontées, et lorsque la république aura acquis une constitution libre et une organisation solide.

Chapitre II. *Brésil.*

De toutes les puissances avec lesquelles le gouvernement de Buenos-Ayres doit entretenir des relations suivies, la seconde en importance, est la cour du Brésil. Cette cour a mis à découvert ses prétentions et sa mauvaise volonté, et pour peu que le ministre anglais qui réside à Rio-Janeiro eût favorisé les projets chevaleresques de sir Sidney Smith, elle aurait déjà profité de la révolte de Montevideo pour agir ouvertement et offensivement contre Buenos-Ayres, non pas par zèle pour la conservation des droits de Ferdinand VII, mais pour lui substituer les prétentions de la princesse Charlotte.

Les droits de Ferdinand VII sont entièrement hors de question, puisque les provinces qui composent la vice-royauté de Buenos-Ayres ont proclamé sa souveraineté continuée, et que c'est en son nom qu'agit, jusqu'à présent, le gouvernement qui s'est constitué gardien des droits du monarque absent et prisonnier. Il n'y a de divergence, entre ce gouvernement et la métropole, que le refus de reconnaître l'autorité d'une régence dont la légitimité est contestée, même en Espagne, parce qu'elle est la continuation d'une première régence dissoute par l'indignation publique, forcée pour échapper à cette même indignation d'appeler les Cortès de la nation.

Ces Cortès elles-mêmes ont été assemblées avec précipitation, sans que les différentes provinces, même celles qui ne sont pas sous le joug des Français, nommément le royaume de Murcie, aient eu le temps et même la permission de remplir les formalités requises pour la convocation d'une aussi importante assemblée ; sans même qu'on ait voulu recevoir dans l'île de Léon les députés légitimement élus, assemblés à Alicante, auxquels on a substitué des hommes, sans doute très-bons et très-hardis patriotes, mais auxquels manque l'assentiment des provinces, et qui se trouvent commis sans avoir jamais eu de *commettans*.

Ce sont ces Cortès tumultuaires qui, sur le tronc pourri d'une régence abhorrée, ont tenté une seconde régence, tout aussi ignorante, tout aussi inactive, qui ne répare aucun des maux de l'administration précédente, qui ne jouit d'aucune puissance exécutive, parce qu'il existe confusion, comme dans la Convention de France en 1792, et que le corps législatif s'est emparé de tous les pouvoirs, ce qui doit conduire à l'anarchie et à la dissolution. Tel est l'état politique de l'Espagne, auquel il y a peu de remèdes.

Dans ce chaos politique, le gouvernement de Buenos-Ayres donne ostensiblement une grande marque de bonne volonté, en restant soumis à son infortuné monarque, mais il montre en même temps une grande prudence, en ne se soumettant pas à de pareils représentans de la souveraineté, dont le premier acte a été de se substituer au souverain.

Les Cortès ont repris, au nom de la nation, dont elles se sont créés elles-mêmes les représentans, les droits et l'exercice de la souveraineté. La nation espagnole-américaine imite leur exemple, bon ou mauvais. Aucune puissance étrangère n'a le droit de s'immiscer dans cette discussion, encore moins de juger ce procès contre les Américains. Le temps seul en décidera, soit par le rétablissement de la monarchie espagnole dans son intégrité, soit par la séparation de ses divers domaines d'outre-mer, que la distance de la métropole et son anéantissement rappellent au droit de la nature et à l'indépendance.

Tels sont les principes sur lesquels le chargé d'affaires résidant à Rio-Janeiro doit fonder toutes ses relations politiques, tant avec la cour du Brésil, qu'avec le ministre d'Angleterre qui y réside. Il doit surtout, dans les premiers temps, éviter les discussions sur les limites de territoire, existantes de tout temps entre les deux contrées voisines, discussions que cette cour, profitant des malheurs de l'Espagne et des troubles qui accompagnent toujours la régénération d'une nation qui veut se donner une existence politique, renouvellera souvent sous mille formes différentes, tantôt par des excursions ou envahissemens sur les frontières, tantôt en appuyant sous main les partis des mécontens.

Dans les discussions qui naîtront de tous ces petits attentats, le chargé d'affaires doit développer beaucoup de prudence, et supporter patiemment tout ce qui pourrait entraîner une rupture d'éclat. Ce temps de patience finira dès que l'état militaire de la république sera assez fort pour pouvoir soutenir ou revendiquer ses droits. Alors le chargé d'affaires pourra, sans craindre même que l'influence anglaise le contrarie, traiter d'égal à égal avec le ministère du Brésil; mais jusque-là il faut éviter autant qu'il sera possible, toute altercation avec cette cour.

Le chargé d'affaires sera bien placé à Rio-Janeiro pour continuer, par le consul américain, une étroite correspondance avec les États-Unis. Il doit être autorisé à transiger, avec le consul et les marchands américains résidant à Rio-Janeiro, tous les marchés, tant pour les armes que pour les autres besoins militaires de la république. Pour y parvenir, il sera peut-être nécessaire de pensionner ce consul, ce qui doit se faire secrètement et par les mains du chargé d'affaires qui, par conséquent, doit être pourvu d'un crédit discrétionnel pour toutes les dépenses relatives à cet objet, et aussi pour celles qu'il devra faire pour s'assurer, dans les bureaux de la cour du Brésil, des gens affidés, pour être instruit de tout ce qui se passera relativement aux intérêts de sa propre nation.

Le chargé d'affaires aura la plus grande déférence et affectera l'air de la plus grande confiance avec le ministre de l'Angleterre résidant à Rio-Janeiro; mais il se gardera bien de lui laisser percer le mystère de sa bonne intelligence avec les Etats-Unis et avec leur consul, dont ce ministre rendrait compte à la cour de Londres, qui, trouvant cette intimité contraire à ses intérêts et à ses vues, ne manquerait pas d'y apporter des obstacles.

Le chargé d'affaires pourra aussi, mais avec prudence, engager à Rio-Janeiro des militaires, surtout des canonniers et des ouvriers. Le gouvernement, l'y ayant autorisé, tiendra à ces étrangers tous les engagemens qu'il aura pris avec eux pour leur établissement dans la république.

Il fera passer par des voies sûres, en chiffres, tous les renseignemens qu'il pourra se procurer, par argent, sur l'augmentation ou diminution des forces militaires et navales portugaises et sur l'emplacement des troupes, les dispositions des provinces entre elles, tant à l'égard des provinces espagnoles qu'à l'égard de leur propre gouvernement. Ces avis souvent réitérés et donnés avec intelligence serviront de boussole au gouvernement pour diriger ses démarches et ses mesure relatives à la sûreté et à la défense de la république.

Tel est le fond des instructions dont doit être pourvu le chargé d'affaires auprès de la cour du Brésil, pendant les trois ou quatre premières années de la fondation de la république. Après quoi, étant en état de repousser toutes les attaques étrangères, et n'ayant besoin d'aucune politique extérieure, ayant acquis une virilité respectable, ses relations diplomatiques seront simples, énergiques et ne respireront que l'indépendance et la philantrophie.

Chapitre III. — *Les Etats-Unis.*

Il ne peut jamais exister que des relations d'amitié et de commerce entre le gouvernement de Buenos-Ayres et les diverses provinces qui composent la république fédérative des États-Unis. Leurs principes sont les mêmes, ils n'ont rien à craindre ni à soupçonner à l'égard l'un de l'autre, vu leur grand éloignement. Il n'en est pas de même entre le Mexique et les Etats-Unis, parce qu'il y a des points de contact qui établiront un jour des disputes de territoire et des guerres qui, dans aucun cas, ne peuvent atteindre les républiques fédérales qui s'établiront dans l'Amérique du Sud, et bien moins encore celle de Buenos-Ayres que celle de *Tierra-Firme* qui, quelque jour, sera entraînée dans les intérêts du Mexique et peut-être forcée à défendre les îles espagnoles du golfe du Mexique, ou de soutenir les vieilles prétentions ou les réclamations de la Louisiane et des Stoïdes *.

L'état de Buenos-Ayres a le bonheur d'être assez éloigné de ce théâtre futur de guerre, pour n'être point dans le cas de prendre aucun intérêt, ni direct ni indirect, dans ces querelles, qui seront formulées par les puissances maritimes de l'Europe, et aussi par les républiques noires qui, d'ici à un siècle, finiront par chasser tous les blancs des Antilles et couvrir cet archipel de pirates barbares dont on ne pourra exterminer la race que par une croisade européenne.

A l'abri de toutes ces calamités, par la distance qui le sépare de ce théâtre de sang, l'état de Buenos-Ayres n'ayant point de côtes à défendre se contentera d'une marine intérieure pour couvrir la navigation de son unique entrée, le Rio-de-la-Plata, contre une invasion de pirates,

---

* Dix ans après, tout ceci était accompli, et l'Espagne avait cédé elle-même ce qu'elle ne pouvait plus conserver. Il ne manque plus aux États-Unis, pour compléter leur système maritime, que la possession de Cuba, et ils l'auront bientôt.

et conservera la paix au milieu de ces grandes convulsions qui ne peuvent jamais l'atteindre.

Une autre chance peut encore bouleverser l'Amérique du Nord, c'est l'anéantissement du système fédéral qui constitue l'existence politique des Etats-Unis. Tout cela sera toujours étranger à l'état de Buenos-Ayres, plus que ne le sont pour lui les révolutions qui bouleversent l'Europe à présent. Lorsque ces grandes tragédies se joueront dans les autres parties du globe, cet état sera déjà fondé et inébranlable.

En ce moment, il a besoin des secours des Etats-Unis, et est sûr, pour son argent, de les trouver dans la cupidité d'un peuple chez lequel l'intérêt est le dieu moteur de toute sa conduite. Ce n'est point avec le gouvernement fédéral que l'agent secret qu'on tiendra chez les Américains-unis sera dans le cas de traiter. Le congrès a déjà eu la pédanterie de refuser de reconnaître l'envoyé de la régence d'Espagne, de peur de se compromettre avec Napoléon.

Jusqu'à ce que Buenos-Ayres soit reconnue par les puissances maritimes comme la représentation d'un peuple indépendant, il ne faut point envoyer de chargé d'affaires auprès du congrès, à moins que celui-ci ne prenne l'initiative de cette démarche qui, de part et d'autre, est sans utilité et purement *ad honorem*.

C'est avec les marchands de Boston, New-York et autres ports, que des agens de Buénos-Ayres peuvent traiter pour des armes et autres besoins de leur république; ces transactions peuvent se faire partout dans les ports des États-Unis. Ces émissaires ne doivent être considérés que comme des agens de commerce envoyés pour vérifier les marchés sur les lieux, en surveiller les expéditions, en augmenter ou diminuer les clauses, suivant les circonstances et dans les cas imprévus.

La scission entre l'Angleterre et les États-Unis, surtout si elle dégénère en une guerre ouverte, est un grand inconvénient pour ces relations commerciales, et par conséquent pour l'introduction à Buenos-Ayres des secours qu'on peut attendre des États-Unis. La marine anglaise peut intercepter la navigation du Rio-de-la-Plata; mais l'avidité mercantile surmonterait toutes ces difficultés, à moins que les Anglais ne possédassent Montevideo, et n'y établissent leur station navale au centre du fleuve. Mais c'est ce que l'état de Buenos-Ayrès ne peut jamais permettre, à moins de renoncer à son indépendance.

D'ailleurs les Anglais, qui de leur côté sont grands calculateurs, ne se détermineront pas à se charger des frais énormes d'une forte garnison, de la station permanente et d'un état de guerre perpétuel au centre du Rio-de-la-Plata, pour l'unique but d'empêcher les Américains de porter à Buenos-Ayres quelques pacotilles de fusils. Ainsi l'état de Buenos-Ayres peut, sans une grande inquiétude, passer des marchés avec les négocians américains, soit à Buenos-Ayres, soit à Rio-Janeiro, soit à Londres, soit en France, soit dans les villes de commerce des États-Unis, ayant seulement la précaution de ne pas s'en vanter. C'est là réellement le seul objet de ses relations diplomatiques avec les États-Unis, elles ne sont pas politiques, mais purement commerciales.

CHAPITRE IV. *La France.*

Il est bon de tenir un chargé d'affaires *secret* en France, mais cette mission doit être confiée à un homme très-habile, très-discret et surtout très-délié. Il doit n'y paraître que comme voyageur, avec des moyens pécuniaires suffisans pour s'introduire partout; mais s'il ne met pas dans sa conduite une grande adresse, il sera bientôt reconnu par la finesse française, et deviendra sa dupe ou sa victime.

Quelque peine que croirait faire aux Anglais Bonaparte, en aidant les Américains du Sud à résister à la régence espagnole, aux intrigues de la cour du Brésil et à la domination des Anglais dans le Rio-de-la-Plata, il a encore plus d'intérêt qu'eux à s'opposer à l'indépendance de l'Amérique du Sud, qu'il regarde comme une propriété de famille. Il ne donnerait donc aucun secours aux Américains, qu'avec la condition expresse de se jeter dans ses bras, et de reconnaître la souveraineté de Joseph ou la sienne propre, s'il retire ce fantôme de roi pour annexer l'Espagne à son vaste empire.

Le gouvernement de Buenos-Ayres a reconnu la souveraineté de Ferdinand VII, et s'est établi en son nom. C'est un crime irrémissible; il exigerait donc une démarche éclatante pour l'effacer. Cette démarche amenerait la guerre civile, et les émissaires français qu'on y introduirait acheveraient de démoraliser la nation, sans pouvoir y apporter des secours suffisans pour soutenir le parti français contre la guerre extérieure que lui feraient ouvertement les Anglais, les Portugais, la régence d'Espagne et les honnêtes gens du pays. Ce serait transporter toutes les horreurs de la guerre de l'Europe sur les bords du Rio-de-la-Plata, et les Américains avilis et corrompus mériteraient toutes les calamités qu'ils attireraient chez eux.

Quand même Napoléon aurait toutes les vertus de Titus, quand même il serait de bonne foi, en voulant appuyer la cause de la liberté en Amérique, il faudrait encore, dans les circonstances présentes, éviter toute liaison avec lui. Il ne lui reste plus aucune colonie, il n'a point de vaisseaux, il ne peut envoyer en Amérique que quelques aventuriers obscurs, qui auraient bien de la peine à y pénétrer. Ces hommes, quelques talens qu'ils pussent avoir, ne pourraient être que dangereux s'ils étaient admis.

Il est très-essentiel de n'admettre dans les emplois civils ou militaires de la république ni Français, ni Anglais. Ces deux nations sont trop imbues de haines mutuelles, d'opinions contradictoires, tant entre elles qu'avec celles des Américains espagnols, pour qu'on puisse leur confier d'aussi grands intérêts. Il y a fort peu d'exceptions à cette règle générale de prudence.

C'est parmi les Italiens, les Allemands, les Suisses, les Hollandais, tous peuples vexés par la tyrannie des deux nations rivales, et parmi un très-petit nombre d'émigrés également mécontens de l'une et de l'autre, que le gouvernement peut faire un choix d'officiers pour organiser et commander son armée naissante. Il existe dans ce métier très-peu de philosophes modérés et impartiaux, tous les autres sont dangereux.

Il serait donc inutile et imprudent de traiter à présent avec le gouvernement français, qui ne peut fournir aucun secours d'armes, le seul dont la république ait besoin. Les officiers dont il pourrait permettre ou tolérer l'émigration en Amérique, seraient certainement des émissaires qui n'y produiraient que du mal; ils seraient vraisemblablement victimes de la discorde qu'ils apporteraient, et leur mort ou leur expulsion serait, comme la juste punition de Liniers, un reproche de plus au gouvernement de Buenos-Ayres.

C'est en elle-même que l'Amérique doit trouver ses moyens pour conquérir et assurer son indépendance. Elle a besoin sans doute de quelques officiers européens pour former et discipliner les troupes. J'en connais plusieurs, et il s'en présentera d'autres. Il faut n'en demander à aucun gouvernement pour ne pas se trouver dans l'inconvénient où se trouvent à présent l'Espagne et le Portugal, de dépendre exclusivement pour leur défense des Anglais, et de n'avoir à la tête de leurs troupes que des Anglais. Il faut choisir des hommes à talens, isolés, qui n'appartiennent à aucun gouvernement, et qui, cherchant une patrie, s'identifient à la nation qu'ils servent, non comme stipendiaires, mais comme citoyens.

C'est plutôt en Angleterre qu'en France qu'on peut trouver de pareils sujets, parce que la France n'est pas libre, au lieu que l'Angleterre est le refuge de tous les mécontens de toutes les nations.

Dans quelques années, lorsque la république aura assuré sa constitution, lorsque son état militaire sera assez respectable pour ne craindre aucune invasion étrangère, lorsqu'elle sera reconnue comme une nation libre, sous quelque forme de gouvernement qu'elle adopte, elle pourra tenir en France un agent diplomatique, comme les États-Unis, pour y entretenir des relations, non pas politiques, mais commerciales;

et elle aura, sur les États-Unis, l'avantage de ne pas être exposée à des avanies, si elle a la sagesse de n'entretenir ni marine marchande, ni marine militaire, et de ne faire le commerce que chez elle-même, ne devant point exposer ses citoyens aux dangers de la mer, tant qu'elle n'aura pas un grand excédant de population.

•.•

Chapitre V. *L'Espagne.*

J'ignore si le gouvernement de Buenos-Ayres a envoyé un représentant aux Cortès. Je ne le crois pas, puisque la régence d'Espagne s'est déclarée contre la création de ce gouvernement, et d'après la conduite du nouveau gouvernement de Montevideo. Je désire que cela ne soit pas, et que s'il existe un représentant de Buenos-Ayres dans l'île de Léon, il soit, comme tant d'autres, un délégué postiche, sans aveu de la population qu'il représente, par conséquent illégal et nul.

S'il existe un délégué dans les Cortès, envoyé réellement par la colonie, il faut que, pour remplir sa dangereuse et délicate mission, il parte toujours de la souveraineté reconnue de Ferdinand VII, et qu'il s'oppose à tout ce qui peut nuire à l'intégrité du pouvoir royal. La pétulance des Cortès ne pourra pas s'accommoder long-temps de cette constante opposition. Elles seront mécontentes de ce délégué, qui, opposant à leurs clameurs une protestation pure et simple, mettra le gouvernement de Buenos-Ayres à l'abri du reproche de perfidie et de rébellion dont on le charge déjà, et qui sera encore plus général en Espagne, lorsque le gouvernement aura déclaré ouvertement que la volonté fixe de la nation qu'il représente est d'assurer son indépendance.

Si le gouvernement n'a aucun député aux cortès, il faut bien se garder d'en envoyer. Il faut seulement, au nom du roi Ferdinand, se dépêcher d'apaiser la révolte de Montevideo, organiser l'armée, arranger la place d'armes de la Colonia-del-Sacramento, augmenter les fortifications de Montevideo, mettre en état de défense Maldonado; placer dans ces trois forteresses de bonnes garnisons, et employer les vaisseaux que les rebelles de Montevideo avaient armés pour bloquer la capitale, à croiser pour la sûreté de la police du fleuve, et en faire le premier fondement de la marine que j'ai indiquée dans la troisième section de la partie militaire.

Pendant que le gouvernement perfectionnera ces dispositions, ainsi que celles de son système de finances, pour subvenir à toutes ces dépenses, le chaos des affaires de la métropole se débrouillera, son sort se développera, soit en bien, soit en mal, et le gouvernement de Buenos-Ayres avancera ou retardera, selon les circonstances, la déclaration de son émancipation, qu'il aura préparée d'avance.

Telle est la marche à suivre à l'égard de la métropole. Le gouvernement de Buenos-Ayres s'étant substitué à son roi pendant sa captivité, ne peut pas envoyer à la métropole *australe* aucun des revenus royaux, puisqu'il en a besoin lui-même pour lui conserver le plus beau fleuron de sa couronne. Il ne peut disposer et envoyer à ses frères d'Europe que l'excédant du revenu, déduction faite des dépenses nécessaires à la défense de son propre territoire, s'il s'en trouve.

Ce système de finances se divise naturellement en trois sections : 1° dépense civile, pour payer tous les emplois de l'état, les tribunaux, etc. ; 2° dépenses militaires de terre et de mer, sur le pied de l'état militaire que j'ai proposé comme absolument indispensable pour la sûreté de l'état ; 3° dépenses extraordinaires, comprenant les relations extérieures, les canaux, les grands chemins, les défrichemens, etc., et une somme toujours en réserve pour les cas de calamités publiques, guerres imprévues, pour les grands établissemens nationaux, comme école militaire, hôpitaux, fonderies, ateliers d'armes et habillemens, magasins publics, etc.

C'est sur cet excédant de toutes les dépenses, sur cette somme en réserve, si elle existe, lorsqu'on aura fait cadrer ensemble les tableaux de la recette avec ceux de la dépense, qu'on pourra envoyer l'excédant à la métropole. Mais le premier devoir est de pourvoir, par tous les moyens possibles, à sa propre sûreté, et de ne pas laisser épuiser ses propres ressources en les confiant aux infidèles et incapables gouvernans de la métropole, qui, sous quelque dénomination qu'ils aient portée, ou qu'ils puissent porter à l'avenir, ont abusé, et abuseront du zèle indiscret des Américains pour le malheur et la ruine de la patrie commune. Ce n'est qu'après le dénoûment du drame sanglant dont la presqu'île des Espagnes est le théâtre, qu'on ressentira tous les inconvéniens de ce zèle indiscret.

Tous les trésors de l'Amérique qu'on jette dans ce gouffre seront la proie des lieutenans de Bonaparte, si les Espagnes tombent dans ses fers, et il ne restera plus à l'Amérique épuisée aucune ressource pour défendre sa liberté, et pour ouvrir un asile assuré aux braves et aveugles défenseurs et aux victimes de l'anéantissement de la métropole. Ainsi la prudence doit restreindre le zèle de l'état de Buenos-Ayres, et il travaillera pour la nation espagnole elle-même, en employant ses ressources à assurer son propre salut.

Jusqu'à la décision finale de la guerre en Espagne, le gouvernement de Buenos-Ayres ne peut entretenir aucune relation politique et commerciale avec la métropole. La conduite hostile, violente et despotique de la régence espagnole suspend tous les liens de la fraternité entre le gouvernement espagnol et celui de Buenos-Ayres, et fait une loi à ce dernier de se renfermer dans ses propres intérêts, pour conserver sur la face du globe le nom espagnol.

Nota. Le gouvernement de Buenos-Ayres n'a aucune relation diplomatique ni même commerciale avec aucun des autres états de l'Europe. La Russie, la Suède, le Danemarck, l'Allemagne, la Turquie, l'Italie, sont pour lui comme s'ils n'existaient pas, puisque n'ayant pas de marine, ni militaire ni marchande, son commerce sera long-temps passif, et se fera dans sa capitale. La Hollande est effacée du rang des nations européennes, elle a perdu tous ses établissemens dans l'Inde, où les Anglais dominent sans rivaux. La nouvelle république a le bonheur d'être isolée et séparée des intérêts de l'Europe et de l'Asie. Qu'elle sache en jouir et travailler uniquement à assurer son indépendance! Toutes les circonstances la favorisent. La Providence a remis son sort entre ses mains. Braves Américains, point de relâche dans vos efforts, et votre triomphe est sûr!

CHAPITRE VI. *Le Mexique.*

Les intérêts communs de la liberté doivent inspirer la sollicitude la plus vive au gouvernement de Buenos-Ayres, pour la réussite des efforts des Mexicains. Mais il ne peut que faire des vœux pour leur succès, qui sera acheté par bien du sang, et sera suivi de longues guerres entre ce nouvel état et celui des États-Unis. Il n'y aura jamais, avec le Mexique, aucun motif de relations diplomatiques et commerciales, et tout se réduira aux simples égards de fraternité. Aucun des deux états ne peut ni aider ni nuire à l'autre, à raison de leur grand éloignement.

Chapitre VII. *Etat de Terre-Ferme.*

Cet état, ainsi que celui du Mexique, est trop éloigné de celui de Buenos-Ayres, pour qu'il y ait jamais, ou au moins de très-long-temps, aucun intérêt direct entre eux. Au reste, le sort de cet état lointain est encore enveloppé dans les nuages épais de l'impénétrable destin, ainsi que celui des belles Antilles espagnoles, Haïti, Cuba et Porto-Rico.

Chapitre VIII. *Le Pérou.*

Ce n'est qu'à l'isthme de Panama, à l'immense empire du Pérou, que commence l'intérêt des relations politiques et commerciales pour l'état de Buenos-Ayres. On ne peut pas encore prévoir comment se dirigera, au Pérou, l'esprit de liberté, ni où aboutiront les guerres barbares qui y éclatent encore avec plus de fureur qu'au Mexique et en Tierra-Firme. Que cet exemple effrayant rende sage l'état de Buenos-Ayres, et que de son côté il puisse donner aux Péruviens l'exemple d'une révolution prudente et paisible !

On ne peut pas prévoir comment finiront les troubles du Pérou ; il est très-certain que le parti de la métropole, ne pouvant recevoir aucun secours de l'Europe, doit finir par succomber, quelque plus ou moins de sang qu'il en coûte, quelques succès éphémères que puisse lui donner, au commencement, la supériorité européenne sur les indigènes, qui s'aguerriront par leurs défaites même. Mais le Pérou est trop vaste pour former un seul état, à moins qu'après sa séparation de la métropole, qu'aucun effort humain ne peut empêcher, son gouvernement ne devienne un empire absolu et despotique.

Il est à présumer qu'il se séparera naturellement en deux ou trois grands états libres, sous quelque forme qu'ils se gouvernent, dont Quito, Lima et Cusco seront les capitales. C'est cette division naturelle qui a occasioné, dans le seizième siècle, les sanglantes guerres civiles entre les Pizzares et les Almagros. Les Espagnols alors n'étaient pas assez nombreux, et avaient encore trop d'Indiens à combattre pour décider cette question. Trois siècles plus tard, il est vraisemblable que cette division aura lieu.

Au reste, le Pérou, soit qu'il forme un seul état, soit qu'il se divise en deux ou trois, acquierra nécessairement son indépendance, et alors il sera très-intéressant au gouvernement de Buenos-Ayres, d'entretenir avec lui des relations fraternelles et intimes, soit politiques, soit commerciales; d'y envoyer et d'en recevoir des chargés d'affaires pour lier une alliance fédérale entre tous les peuples de l'Amérique du Sud.

Mais on n'est pas dans le cas de se presser de faire cet arrangement diplomatique, parce que le sort du Pérou est encore pour long-temps incertain, et ne sera pas aussitôt décidé que celui de l'état de Buenos-Ayres. En attendant, la politique la plus saine prescrit de ne point se mêler dans les troubles du Pérou, pour ne pas être entraîné dans des guerres civiles, et s'écarter ainsi de son unique but, la fondation solide d'une république agricole et pratique.

CHAPITRE IX. *Le Chili.*

Il n'en est pas de même du Chili; les intérêts communs nécessitent un rapport très-intime entre les deux états, comme on l'a déjà expliqué ; il est même à présumer qu'un jour ils s'identifieront, pour leur bien commun ; mais, quel que soit le genre de leur union, elle amène en tout temps des relations fraternelles, et elle nécessite la résidence habituelle d'un chargé d'affaires de la république auprès du gouvernement du Chili, pour assurer l'assistance mutuelle des deux états par le commerce, et en multiplier les branches et les intérêts.

C'est par la communication avec le Chili, de la marine marchande qui s'y établira, lorsque ce peuple se sera donné une constitution libre, que Buenos-Ayres deviendra très-promptement l'entrepôt du commerce entre l'Europe et l'Asie. Ainsi, la manière dont cette bienfaisante révolution sera opérée n'est pas indifférente au gouvernement de Buenos-Ayres ; son intérêt est trop direct pour l'abandonner au hasard. Il doit employer tous les moyens de persuasion pour l'influencer, la diriger même. S'il ne peut pas amener les esprits à fondre ensemble les opinions des Chiliens au point de s'incorporer dans la grande république, et à ne former des deux peuples qu'une seule nation, ce à quoi doivent naturellement les conduire leurs besoins mutuels et leurs intérêts respectifs, il faut au moins réussir à établir entre les deux états une fraternité parfaite, cimentée par un traité d'alliance offensive et défensive, dont il faut remplir de chaque côté les conditions avec la plus scrupuleuse bonne foi pour leur sûreté mutuelle.

Que deviendront les Philippines? Ont-elles une consistance, et une population assez forte pour former un état indépendant? Cela n'est pas probable. On ne croit pas non plus qu'elles puissent rester attachées à la métropole, dès que les deux Amériques espagnoles auront conquis leur indépendance. Mais alors, auquel de ces nouveaux états ayant des ports sur la mer du Sud, appartiendront les Philippines? Cette question, d'ici à longues années, paraît peu importante au gouvernement de Buenos-Ayres. Mais comme il doit regarder le Chili comme partie intégrante de la république, soit à titre d'incorporation, soit à titre d'une fraternelle fédéralité, le sort des Philippines l'intéressera un jour infiniment, lorsque le Chili deviendra une puissance navale et commerçante dans la mer du Sud.

Ce tableau fixe le cercle de la politique extérieure de l'état de Buenos-Ayres, et lui suffira tant qu'il se maintiendra agricole et pacifique, ce qui dépend entièrement de lui. Ce système n'est ni compliqué, ni hérissé de finesses machiavéliques, parce que les intérêts sont simples et honnêtes, et qu'il ne faut pour les suivre que de la sagesse et de la philantrophie.

FIN DU DEUXIÈME ET DERNIER VOLUME.

TABLE DES MATIÈRES

DU DEUXIÈME VOLUME.

MÉMOIRE MILITAIRE *pour l'Espagne*.
Juillet 1821. 1
INTRODUCTION. 3

PREMIÈRE PARTIE.

SECTION I. Force numérique et organisation de l'armée. 27
SECTION II. Des troupes auxiliaires. 56
SECTION III. Oaganisation des grenadiers nationaux. 64
SECTION IV. Organisation des chasseurs nationaux. 67
CONCLUSION DE LA PREMIÈRE PARTIE. 83

SECONDE PARTIE.

SECTION I. Distribution de l'armée en différens corps. 87
SECTION II. Positions des différens corps d'armée. . 97

SECTION III. Travaux préparatoires de la défensive. 106
SECTION III. Des opérations militaires.. 113
   § 1. Opérations militaires en Catalogne. 115
   § II. Opérations militaires en Aragon. 122
   § III. Opérations militaires en Navarre et en Biscaye. 131
SECTION IV. Opérations militaires des guérillas. . . 139
   Conclusion. 145
Note. 150

MÉMOIRE GÉNÉRAL *sur le gouvernement de Buenos-Ayres*. 169
Rio-de-la-Plata. A don Cornelio de Saavedra, président de junte du gouvernement de Rio-de-la-Plata, le 25 décembre 1810. 157
   Introduction. 171

PREMIÈRE PARTIE.

Tableau géographique. 173
I. Province de Buenos-Ayres. 176
II. Province du Paraguay. 179
III. Province de Tucuman. 184
IV. Province de Las Charcas ou Potosi. 187
V. Province de Cuyo ou Chiquito. 188

SECONDE PARTIE.

État militaire. 193
SECTION I. Armée de ligne. 199
   Tableau d'une division de l'armée de ligne. 200

SECTION II. Milice.................. 221
  Dénombrement de la population.......... 224
  Volontaires, cavalerie, artillerie.......... 225
  Organisation de la milice............. 227
  Inspection des milices dans les provinces...... 228
  Mois de rassemblement.............. 229
  Solde, armement, discipline, habillement..... 230
  Instruction, écoles militaires........... 231
  Instruction détaillée du milicien.......... 232
  Temps de service de la milice........... 235
  Service de guerre de la milice en brigades...... *Ibid.*
  Tableau de la force armée de la république..... 237
SECTION III. Marine................. 238
  Observations et additions............. 245
SECTION IV. Système de guerre défensive....... 250

TROISIÈME PARTIE.

POLITIQUE INTÉRIEURE ET EXTÉRIEURE.

Politique intérieure................ 279
Politique extérieure................ 284
CHAPITRE I. L'Angleterre............. *Ibid.*
CHAPITRE II. Brésil................ 297
CHAPITRE III. Les États-Unis........... 303
CHAPITRE IV. La France............. 307
CHAPITRE V. L'Espagne............. 312

CHAPITRE VI. Le Mexique. 317
CHAPITRE VII. État de Terre-Ferme. 318
CHAPITRE VIII. Le Pérou. . , ...*Ibid.*
CHAPITRE IX. Le Chili. 320

FIN DE LA TABLE DU DEUXIÈME VOLUME.

www.ingramcontent.com/pod-product-compliance
Lightning Source LLC
Chambersburg PA
CBHW070627160426
43194CB00009B/1386